2011–2012

国土经济学

学科发展报告

REPORT ON ADVANCES IN TERRITORIAL ECONOMICS

中国科学技术协会　主编

中国国土经济学会　编著

中国科学技术出版社

·北京·

图书在版编目(CIP)数据

2011—2012 国土经济学学科发展报告/中国科学技术协会主编;
中国国土经济学会编著. —北京:中国科学技术出版社,2012.4
　(中国科协学科发展研究系列报告)
　ISBN 978-7-5046-6035-0

　Ⅰ.①2… Ⅱ.①中… ②中… Ⅲ.①国土经济学-学科发展-
研究报告-中国-2011—2012 Ⅳ.①F061.6-12

　中国版本图书馆 CIP 数据核字(2012)第 042628 号

选题策划	许　英
责任编辑	许　英　包明明
封面设计	中文天地
责任校对	王勤杰
责任印制	王　沛

出　　版	中国科学技术出版社
发　　行	科学普及出版社发行部
地　　址	北京市海淀区中关村南大街 16 号
邮　　编	100081
发行电话	010-62173865
传　　真	010-62179148
网　　址	http://www.cspbooks.com.cn

开　　本	787mm×1092mm　1/16
字　　数	222 千字
印　　张	9.25
印　　数	1—2500 册
版　　次	2012 年 4 月第 1 版
印　　次	2012 年 4 月第 1 次印刷
印　　刷	北京凯鑫彩色印刷有限公司

书　　号	ISBN 978-7-5046-6035-0/F·745
定　　价	28.00 元

2011－2012
国土经济学学科发展报告

REPORT ON ADVANCES IN TERRITORIAL ECONOMICS

顾 问	张怀西　孙鸿烈　江泽慧　刘燕华　柳忠勤 陈栋生
首席科学家	谷树忠
专 家 组	谷树忠　肖金成　王礼茂　赵作权　张志强 强　真　董德坤　杨巧英　周　洪
学术秘书组	杨巧英　周　洪

序

科学技术作为人类智慧的结晶，不仅推动经济社会发展，而且不断丰富和发展科学文化，形成了以科学精神为精髓的人类社会的共同信念、价值标准和行为规范。学科的构建、调整和发展，也与其内在的学科文化的形成、整合、体制化过程密切相关。优秀的学科文化是学科成熟的标志，影响着学科发展的趋势和学科前沿的演进，是学科核心竞争力的重要内容。中国科协自 2006 年以来，坚持持续推进学科建设，力求在总结学科发展成果、研究学科发展规律、预测学科发展趋势的基础上，探究学科发展的文化特征，以此强化推动新兴学科萌芽、促进优势学科发展的内在动力，推进学科交叉、融合与渗透，培育学科新的生长点，提升原始创新能力。

截至 2010 年，有 87 个全国学会参与了学科发展系列研究，编写出版了学科发展系列报告 131 卷，并且每年定期发布。各相关学科的研究成果、趋势分析及其中蕴涵的鲜明学术风格、学科文化，越来越显现出重要的社会影响力和学术价值，受到科技界、学术团体和政府部门的高度重视以及国外主要学术机构和团体的关注，并成为科技政策和规划制定学术研究课题立项、技术创新与应用以及跨学科研究的重要参考资料和国内外知名图书馆的馆藏资料。

2011 年，中国科协继续组织中国空间科学学会等 23 个全国学会分别对空间科学、地理学（人文-经济地理学）、昆虫学、生态学、环境科学技术、资源科学、仪器科学与技术、标准化科学技术、计算机科学与技术、测绘科学与技术、有色金属冶金工程技术、材料腐蚀、水产学、园艺学、作物学、中医药学、生物医学工程、针灸学、公共卫生与预防医学、技术经济学、图书馆学、色彩学、国土经济学等学科进行学科发展研究，完成 23 卷学科发展系列报告以及 1 卷学科发展综合报告，共计近 800 万字。

参与本次研究发布的,既有历史长久的基础学科,也有新兴的交叉学科和紧密结合经济社会建设的应用技术学科。学科发展系列报告的内容既有学术理论探索创新的最新总结,也有产学研结合的突出成果;既有基础领域的研究进展,也有应用领域的开发进展,内容丰富,分析透彻,研究深入,成果显著。

　　参与本次学科发展研究和报告编写的诸多专家学者,在完成繁重的科研项目、教学任务的同时,投入大量精力,汇集资料,潜心研究,群策群力,精雕细琢,体现出高度的使命感、责任感和无私奉献的精神。在本次学科发展报告付梓之际,我衷心地感谢所有为学科发展研究和报告编写奉献智慧的专家学者及工作人员,正是你们辛勤的工作才有呈现给读者的丰硕研究成果。同时我也期待,随着时间的久远,这些研究成果愈来愈能够显露出时代的价值,成为我国科技发展和学科建设中的重要参考依据。

2012 年 3 月

前　言

国土经济学是一个新兴的学科,以国土为研究对象,研究内容涉及国土调查与评价、国土开发与利用、国土保护与整治、国土管理与政策等诸多方面。自该学科首次提出并逐步开展系列研究以来,学科理论体系和方法体系日臻成熟,但同时也迫切需要进一步推进理论和方法的研究、创新和完善。有鉴于此,迫切需要对近一个时期国土经济学学科发展进程进行系统的回顾与分析,并结合相关理论和方法的最新发展,以及结合国内外国土经济等相关领域各类实践的最新进展,展望国土经济学的发展方向和重点。为此,中国国土经济学会组织国土经济学领域的专家和学者,在大量中外文献综述和相关重大事件梳理的基础上,撰写了国土经济学学科进展研究报告。

国土经济学学科进展研究报告共由两部分组成。第一部分为综合报告,对国土经济学学科及发展历程进行概要回顾与系统说明,对国土要素与功能进行了更新说明,对国土经济学近期主要进展进行了简要说明,并对国土经济学的学科发展进行了展望。第二部分为专题报告,分别就国土空间经济分析理论与方法、国土规划理论与方法最新进展、国土开发整治理论与方法新进展、国土安全评价理论与方法新进展、国土规制理论与方法最新进展、低碳国土开发的理论与实践等重点学科领域的最新进展,进行了系统说明。

鉴于国土经济学研究对象的复杂性、研究范围的广泛性、研究手段的可变性等,以及鉴于国土经济学属于典型的新兴学科,在梳理国土经济学学科进展时,难免挂一漏万、有所偏颇。这些问题,假以时日,将在今后的国土经济学学科建设和发展中逐步得到解决。

国土经济学学科进展研究,得到了中国国土经济学会领导的悉心指导。张怀西理事长高度重视此项研究,视此项工作为学会学科建设的重要内容,多次作出重要指示,并提出重要的意见和建议。同时,研究工作得到了中国科协的大力支持,特别是在选题、研究方案设计等方面给予了大力指导和帮助。在此,我们表示衷心的感谢。

中国国土经济学会

2012 年 1 月

目　录

综合报告

专题报告

ABSTRACTS IN ENGLISH

Comprehensive Report

Reports on Special Topics

综合报告

国土经济学学科发展研究

一、引 言

国土经济学是主要研究国土资源稀缺及其测度、国土资源市场、国土资源价格及其评估、国土资源配置与规划、国土资源产权、国土资源核算、国土资源贸易、国土资源产业化管理等一系列与国土资源有关的经济因素、经济现象、经济问题、经济规律的科学。国土经济的内涵不断丰富和拓展,学科体系日益完善,理论支撑和方法建设不断增强,对国土功能与特征的认识不断深化。特别在国土空间经济分析理论与方法、国土规划理论与方法、国土开发理论与方法、国土安全评价理论与方法、国土规制理论与方法以及绿色与低碳国土建设理论与实践等方面,取得了不同程度的进展,为国土开发、利用、保护的整治等重大国土活动,提供了重要的、不可或缺的理论与方法的支撑。

二、国土经济学学科发展历程与现状

(一)国土经济学的基本内涵

1. 对国土经济学学科定义的比较分析

关于国土经济学,曾有多种认识,其中中国国土经济学会在 2000 年前后给出了一个定义,即"国土经济学是根据人与自然相互关系的客观规律,探求合理利用国土资源的政策与措施的理论与方法的一门应用经济学的学科"。该定义,一是明确指出国土经济学是一门应用经济学科;二是明确了研究的立足点,即立足于人与自然的关系研究国土资源。同时,指出研究对象是国土资源的合理利用。现在看来,这个定义还是有偏颇之处,毕竟国土不仅仅指国土资源,还包括国土范围或国土之上的环境、生态等诸多自然要素以及与之相关联的人文要素,更何况国土空间本身亦有合理开发、利用、保护和安全等诸多问题及与之相关的经济因素、经济现象和经济问题,亦应作为国土经济学的研究范畴。

除此之外,还有其他一些定义,均是从不同侧面对国土经济学的表述。如有学者认为国土经济学就是"研究人类生存条件的经济科学"(张振铭,1981),显然,这种认识需要进一步拓展和明晰,因为国土经济学不仅仅着眼于人类生存条件,还应着眼于人类发展的条件或基础。另外,研究人类生存条件的经济学科也不仅仅包括国土经济学,还包括资源经济学、环境经济学、生态经济学、空间经济学等相关学科,更有关于人类生存与发展的可持续发展理论。又有学者认为国土经济学是"研究国民经济发展与国土开发整治之间关系的科学"(吴楚材,1991),然而,国土经济学同其他学科一样,不能仅仅研究关系,还要揭示本质、规律,更要提出独特的理论、思维方式和解决问题的基本路径。还有学者认为国土经济学是"从资源利用角度研究再生产理论的经济科学",但是很显然,国土经济学不仅仅涉及再生产理论,更涉及产权、分配、市场等理论。

2. 关于国土经济学的科学界定

在比较分析上述定义的基础上,结合相关学科的最新发展,可以看出:国土经济学是研究国土开发、利用、保护、整治、改造中的经济因素、经济现象和经济问题,探求其经济理论、经济机制与经济手段的学科。具体说来:

(1)经济因素是指影响国土资源开发利用的国家宏观经济状况,包括人口分布、消费偏好、产业结构等,经济因素是国土经济问题的诱因,是研究国土经济学的出发点。

(2)经济现象是指国土资源的开发利用的外在表现形式,如普遍存在的资源供需状况不平衡、资源价格上涨、资源行业垄断现象,经济现象是国土经济学研究的切入点,找出现象背后的原因是国土经济学研究的重要任务。

(3)常见的资源经济问题有资源稀缺问题、资源价格问题、资源的市场失灵问题、资源产权问题、资源配置问题以及资源贸易问题等,资源经济问题是国土经济学研究的核心,是国土经济学研究首先需要解决的问题。

(4)经济机制是研究国土资源及其经济问题之间的相互作用关系,国土机制包括国土资源管制体制和国土资源管理制度,如土地参与国家宏观调控机制、资源市场配置机制以及资源定价机制等。

(5)国土经济措施是国土经济学研究的主要目标,提出实现国土资源优化配置的措施,征收资源税费、建立区域间资源补偿制度和资源产权交易市场是实现国土资源优化配置的主要措施。

(二)国土经济学的研究对象

1. 确认国土经济学研究对象的原则

国土是一个内涵极其广泛的概念,涉及空间、资源、环境、生态等方面,还涉及国家主权、国土安全、国土开发等诸多方面。国土经济学作为一个新兴学科,不可能涉及国土的所有方面,其研究的确认和调整应坚持如下基本原则:

(1)边界要清晰。国土资源问题很多,不是所有的国土资源问题都属于国土经济学的研究范畴。国土经济学的研究对象具有一定的边界,要将国土资源的经济问题与非经济问题区分开来。在确定国土经济学研究对象时,边界要清晰。

(2)不要有交叉。国土经济学的研究对象既包括资源,也包括环境和生态,而在研究单项资源的过程中,又往往将环境和生态包括在内。在国土经济学的研究过程中,要避免研究对象的交叉。

(3)大小要适度。国土概念其实有大小之分。"大国土"理论认为国土既是资源,又是环境,包括平原和山地、陆地和水面、大陆和海洋、大块和零星、地上和地下、已开发和未开发、易利用和难利用、南部和北部、东部和西部、乡村和城市、国土和公土、局部和整体等12 对关系 24 个方面(于光远,1981)。小国土即一般认为的国土资源,是国家主权范围内的自然资源。在研究国土经济学时,要根据国土的大小来确定研究对象。

(4)现实有需求。国土经济学是为现实服务的,国土经济学研究对象的确认应与国家现实需求紧密结合,着力于解决经济社会发展中存在的国土资源问题。国土经济学研究对象的确认要考虑国土整治、国土规划、国家安全、国土开发、国土评价、国土管理、国土经营等国土资源中的现实问题。要站在国家安全和现代化建设的高度研究国土经济学。

2. 国土经济学研究对象的系统确认

国土经济学研究国土的经济问题以及和经济相关的其他问题。具体来说,国土经济学是要研究国土开发、利用、保护、整治、改造中的经济因素、经济现象、经济问题和经济机制。国土经济学主要瞄准两个问题:

(1)国土的经济问题,即国土开发、利用、保护、整治、改造中的经济因素、经济现象、经济问题与经济机制,分析国土资源开发、利用等过程的经济可行性与合理性。

(2)经济发展的国土安全问题,即经济发展的资源保障、环境效应、生态效应、空间支撑等,研究国土经济学的主要目的是保障国土资源安全。

这两个方面相互促进,同等重要。国土经济学对国土资源的研究要侧重在经济领域,国土资源的政治问题和社会问题不是国土经济学主要的研究对象。而近年来,国土安全问题已经成为经济发展中突出的问题,从国家安全的高度来研究国土问题是时代发展对国土经济学提出的新要求。

(三)国土经济学的学科体系

1. 国土经济学的主体研究内容

国土经济学的主体研究内容主要包括四个方面:

(1)国土资源要素的经济问题。国土资源要素的经济问题研究主要分析国土资源开发、利用、保护、整治、改造的经济合理性与可行性。国土资源要素主要包括水资源要素、土地资源要素、矿产资源要素和能源资源要素。用水配额管理、水资源价格指导、水资源费、水处理费等是水资源要素中常见的经济问题。土地参与宏观调控、土地招标、拍卖、挂牌制度、土地用途管制等是土地资源要素中常见的经济问题。矿产要素的经济问题主要包括矿权设置、矿产开发中的利益分配、矿产资源税、矿山恢复治理保证金等,而能源资源要素中的经济问题主要有能源效率标准、能源节约、能源价格指导等。

(2)国土环境要素的经济问题。国土环境要素的经济问题也是国土经济学研究的主体内容之一。环境要素的价值及其评价是环境要素中亟需确定的问题,而环境核算是在当前国土资源日益紧缺、国土安全形势严峻的情况下十分重要的工作,环境核算包括数量核算、质量核算和价值核算等,其中最主要的是环境质量核算。针对环境资源稀缺的特性,将环境看做是商品并将其应用到市场进行交易,从市场经济的角度来缓解环境资源稀缺的问题,许可证交易、排污权交易、节能量交易是环境交易的主要内容。环境管制也是国土环境要素的主要研究内容,减排制度、区域限批、流域限批以及各种环境质量标准都是环境管制的重要手段。

(3)国土生态要素的经济问题。生态问题与环境问题总是伴随着资源开发利用行为而出现。生态要素在运用得当时是一种财富,能给人类带来美的享受,在生态平衡遭受不可恢复的破坏时,它可能会变成一种包袱。生态财富与生态包袱是生态要素中首先需要明确的概念,划分两者的界限并尽可能地增加生态财富减少生态包袱是国土生态要素的主要努力方向。生态系统及其经济功能是国土生态要素中重要的经济问题,生态服务及其评价、生态补偿是国土经济学在生态领域的重要延伸。

(4)国土空间的经济问题。国土空间的经济问题主要是指国土资源的空间配置问题。由于国土资源和人口分布的不平衡,产生了国土资源的生产和消费的空间不平衡问题,大大降低了国土资源的空间配置效率。因此,如何最大限度地配置国家主权范围内的国土资源,提高国土资源利用的效率也是国土经济问题的重要组成部分。随着城市化进程的加快和可利用土地资源的减少,国土空间已经成为一项十分稀缺的资源,并由此产生了一种新权设——空间权。空间权作为一项新的产权,在国土资源的产权配置中占有十分重要的地位,空间权的分配及优化也成为国土经济学重要的空间问题。

2. 国土经济学的研究内容

具体来说,国土经济学的主要研究内容如下:

(1)国土及其稀缺性。主要研究国土的稀缺性及其对国土开发、整治、保护、经营等方面的影响,关于国土资源稀缺的主要观点以及国土资源稀缺的测度,提出缓解国土资源稀缺的主要途径。

(2)国土调查及其经济分析。国土调查有利于摸清国土资源的基础状况,是国土经济学研究的基础。国土调查主要明确国土调查的原则和调查程序,总结国土资源调查的主要手段,并对国土资源调查进行经济分析。

(3)国土经济评价。解析国土评价的基本涵义,明晰国土资源评价的目标和原则,梳理国土资源评价的基本原理与主要方法,并按照不同的目标将国土资源评价分成不同的类型,厘清国土评价与资源评价、环境评价和生态评价的区别。

(4)国土安全及其经济合理性。国土安全包括国土资源安全、国土环境安全和国土生态安全。国土安全综合评价既包括国土资源安全,也包括国土环境安全和国土生态安全。国土安全的经济合理性需要通过对国土安全的成本和效益进行比较分析确定。

(5)国土开发整治及其经济原理。研究国土资源开发、利用、保护、整治的概念及主要内容,从经济学角度分析国土资源开发、利用、保护和整治的原理,用以指导国土资源的开发利用活动,提高国土资源利用效率。

(6)国土空间及其比较优势分析。国土资源的空间分布是不均匀的,引入物理学中的场势理论来衡量国土资源和经济活动在空间上的分布特征,并判断资源和作业活动的流动状况,为优化资源的空间配置提供依据。

(7)国土资源要素市场。国土资源要素市场包括国土资源供给市场和国土资源需求市场,而由国土资源的特性决定,国土资源市场与一般经济市场相比具有特殊性,国土要素的市场化进程反映出国土资源市场化发展轨迹。

(8)国土环境要素及其经济分析。国土环境问题是国土经济问题的重要组成部分,是对国土资源的不合理利用的结果。国土环境要素的经济问题包括环境资源的价值及其评价、环境核算、环境交易和环境管制等环境经济问题。

(9)国土生态要素及其经济分析。国土生态问题与国土环境问题一样,总是伴随着国土资源问题的发生而存在。根据国土要素的功能可以将国土生态要素分为生态财富和生态包袱。生态系统的经济功能、生态系统服务评价都是国土生态要素研究的主要内容,生物资源也包括在国土生态要素中,其经济问题是国土生态要素研究的内容之一。

(10)海洋国土经济。海洋资源作为国土资源的重要组成部分,关系着我国国家主权和国土资源的开发利用。海洋资源的经济问题、海洋资源的运输通道以及海洋资源的国际合作开发问题是当前海洋国土研究的前沿问题。

(11)国土经营。国土是一种资源,具有价值和价格,因此可以作为一种商品在市场上经营。当前国土经营最广泛的是土地经营,而物权经营、产权经营等新兴的经营理念是国土经营的主要趋势,经营国土是为了更好地管理国土,国土经营需与国土管理相结合,为更好地管理国土资源服务。

(12)国土管理。国土管理问题总是与国土经济联系在一起,国土经济分析是国土管理的基础,国土管理是国土经济分析的目的。国土管理研究包括国土管理的内容与目标、国土管理的理念与原则,国土管理制度与国土管理体系及其演变。

(13)国土规划与国土管制。国土规划与国土管制已经成为国土管理的重要手段。国土区划与国土规划是当前我国国土管理的主要方式,土地利用规划、生态功能区划、主体功能区划以及自然功能区规划在我国国土管理中发挥着十分重要的作用。而随着国土资源稀缺程度的加剧,国土规制在未来将成为国土资源管理的主要手段。

(14)国土政策与法规。国土政策与国土法律是国土资源行政管理和国土资源法律管理的主要方式,中国的国土资源政策与国土资源法规涉及区域、空间、资源、环境、生态、土地等方面。

(15)国土经济区域化与一体化。在一定的区域尺度内,国土资源具有空间一致性。国土资源的开发尺度具有多个不同的层次。我国的国土资源实践主要从国家尺度和区域尺度来进行,全国中小城市生态环境实验区的建设为我国国土经济的发展作出了巨大贡献。

(四)国土经济学的简要发展历程

国土经济学是具有中国特色的学科。30 年来,国土经济学的发展大致经历了 3 个阶段。

1. 第一阶段:发起阶段(20 世纪 80 年代—90 年代初)

随着党和国家的工作着重点转移到现代化建设上来,同时总结了新中国成立以来经济建设中国土经济研究的经验教训,并借鉴其他国家的经验,国土经济学的研究和国土整治工作,得到党和政府的逐步重视,国土经济学的研究工作在我国理论界、学术界和实际工作部门中逐步开展起来。1981 年 3 月,中共中央书记处书记万里在听取国家科委党组汇报工作时,对国土资源的保护和治理工作就曾做出重要指示:"关于国土保护问题,我们不能光停留在城市的环境保护、'三废'治理这些问题上,要考虑中国近 1000 万平方千米的国土保护问题。"同时指出:"对于人类生活环境的保护,现在不能不提到议事日程上来了,不能不抓了。包括森林覆盖面积,避免沙化,长江、黄河的开发与治理等。现在只抓污水处理,废水处理,这样还不够,应当有全面安排。环境保护问题涉及国家的经济布局,涉及计委、建委等许多部门。对于环境保护的科学研究工作,需要自然科学家与社会科学家结合起来进行。"

紧接着,1981 年 4 月,中共中央书记处书记万里在听取国家建委党组工作汇报后,又专门向国家建委发出通知:国家建委要同国家农委配合,搞好我国的国土整治。通知指出:建委的任务不仅要管基建项目,还应该管土地利用、土地开发、综合开发、地区开发、政治环境、大河流开发。要搞立法,搞规划。通知还指出:国土整治是个大问题,很多国家都有专门的部门管这件事,我们可以不另设部,就在国家建委设一个专门的机构,提出任务、方案,报国务院审批。总之,要把我们的国土整治好好管起来。

随后,当时的国家建委很快地行动起来,邀请了许多有关部门的领导、专家和科学界的知名人士,共同商讨如何开展国土管理和国土整治工作,诸如国土整治的内容、方法、步骤以及怎样组建专门机构等。中国国土经济学研究会筹备组也在 1981 年 4 月 10 日至 5 月 25 日,邀请全国 29 个省、市、自治区的国土经济研究工作者近 200 人,举办了"发挥地区优势研究班"。同年 6 月,以国土经济研究为主的国土经济学会成立。

在于光远同志提出建立和发展"国土经济学"的研究后,有关学者陆续对国土经济学展开了研究。李树琼[1]在《对建立和发展国土经济学研究的探讨》一文中再次强调了国土经济学研究的重要性,并提出要把加强和扩大自然保护区的建设和研究作为国土经济学研究的课题。陈敦义[2]对国土经济学的研究对象进行了延伸,他强调了"国土"是一个立体的领域概念,包含一个主权国家管辖的领土、领海和领空、地上、地下;也是一个综合的资源概念,国土经济学是研究国土、国土整治与国民经济发展之间关系的学科,要进行动态的考察。杨树珍等人[3]对国土经济学的研究任务进行了概括,主要分为 5 个方面:①研究国土资源的特点及其经济评价问题;②研究国土开发、整治的战略、方针、政策和重大措施;③全面地研究国土开发、整治的效益;④研究国土规划与管理的原则和方法;⑤健全和发展本学科的理论和方法。吴楚才[4]认为由于国土经济学科的交叉性和综合性,在研究方法上,既要利用地理学、经济学传统研究方法,又要采用现代的新技术新方法。国土经济学的主要研究方法有:①传统方法和现代科学研究方法结合;②总体研究和系统研究结合,或综合研究和专题研究结合;③定性研究与定量研究结合。

2. 第二阶段:停滞阶段(20 世纪 90 年代初—21 世纪初)

由于我国 20 世纪 80 年代至 90 年代中后期的过渡性资源管理体制,使得这一阶段国内学者把关注焦点集中到一些重点地区的建设与发展的实证调研和论证方面,国土经济方面鲜有著作,国土经济学研究基本处于停滞状态。

3. 第三阶段:全面发展阶段(21 世纪初至今)

当前,我国正处在全面建设小康社会,加快建设社会主义现代化的新阶段。这既是一个战略机遇期,也是矛盾凸现的历史时期,资源、环境问题日益突出。在贯彻落实科学发展观,建设资源节约型、环境友好型社会的历史时期,随着大集中格局资源管理体制的逐渐形成,作为以资源、环境"大国土"为研究对象的国土经济学,迎来了全面发展的机遇期。

在国土研究的国家层面,2006 年,经新闻出版总署和科技部批准,由中国科学技术协会主管,中国国土经济学会创办了国内外公开发行的《今日国土》杂志,为国土经济学的研究搭建了一个很好的平台;在此同时,国土经济学会结合国民经济与生态环境发展的社会热点问题及前沿问题,充分发挥学术特长与专家优势,积极开展学术活动,收到了较好的社会效益。其中具有划时代意义的是中国国土经济学会理事长张怀西提出要"站在国家安全的高度研究国土经济学"的命题,引起了众多学者就国土经济学如何从经济、生态和社会的安全角度来服务于社会、维护国家安全问题展开了广泛讨论。

在国土研究的地方层面,目前,已有十多个省、市、自治区建立了国土经济学研究会等群众性的学术组织。不少省、市、自治区都开展了不同程度的国土规划、国土整治和国土经济学的研究工作。在一些高等院校有关专业也开设了国土经济学的课程。

(五)国土经济学的中外比较

我国用的"国土"这个词是从日本引进的。国土整治和区域规划的思想和理论是外国创造的,尤其是德国、法国、美国、日本、苏联等国家积累了丰富的实践经验,并形成较完整系统的理论体系。德国学者豪斯·凯尔是国土计划的理论创始人,他的专著《国土中央计划和空间秩序》被日本学者译为《国土中央计划和国土规划》。但国土经济学作为一门独立学科则是在我国首创的。国土经济学翻译为"territory economics",在可查的文献资料中,国外尚没有关于国土经济学的研究,但是与国土经济学相关的边缘学科很多,包括资源经济学、区域经济学、环境经济学、生态经济学、经济地理学、地理经济学、新经济地理学(空间经济学)等。

德国、日本、法国等国系统开展了国土规划的研究和编制,在国土治理、开发和管理等方面均取得了重大成效。我国20世纪80年代中期也系统开展了全国国土规划的研究和编制,并取得了初步的重要进展,但由于种种原因而中止。2001年启动了国土规划试点,并于2010年全面启动全国国土规划的编制工作。包括国土间空、国土产业布局、国土要素配置等在内的国土及其经济问题,得到全面的重视。

从这个意义上讲,国土经济学具有显著的中国特色,尽管国外并没有国土经济学这一学科,但与之高度相关的学科较多且发展已经较为成熟,因此,国土经济学与相关学科的比较应重点放在与上述学科的比较分析上。

(六)国土经济学与相关学科的关系

1. 国土经济学与区域经济学的关系

国土经济学与区域经济学在研究内容和研究方法上都具有许多相似的地方。国土经济学研究的国土是指在一定区域空间范围内的国土,而区域内的国土资源状况以及与国土资源相关的经济发展是区域经济学的重要研究内容,因此,可以说,国土经济学是区域经济学研究的重要组成部分,而区域经济学也为国土经济学的研究提供了更为广泛的天地。从研究方法上来看,经济学的研究方法是国土经济学与区域经济学研究的基础,而空间分析方法在区域经济学和国土经济学的应用也较普遍。

国土经济学与区域经济学存在一定的关联,但是两者之间也存在许多不同。国土经济学主要侧重国土资源的公平和效率问题的研究,而区域经济学侧重于区域经济活动的空间分布规律。国土经济学侧重于区域国土资源本身的状况,而区域经济学侧重于国土资源禀赋的空间差异而导致的经济发展水平的差距。一个是研究原因,而另一个是研究结果。

2. 国土经济学与资源经济学的关系

国土经济学与资源经济学存在许多相似的地方,国土经济学研究的国土主要是资源经济学研究的自然资源,两者都研究资源的优化配置。可以说,资源经济学是狭义的国土经济学的研究范畴。

国土经济学与资源经济学不同,国土经济学研究的国土不仅指自然资源,还包括自然环境和生态环境,其实质是研究自然综合体,与资源经济学相比,国土经济学的研究范围更广,更具有系统性。

3. 国土经济学与生态经济学的关系

生态经济学是生态学与经济学相结合的边缘学科,是研究生态系统和经济系统的复合系统的结构、功能及其运动规律的学科。生态经济学也是国土经济学的组成部分之一,生态经济学与国土经济学一样,都具有综合性、层次性和地域性。

生态经济学侧重于从生态系统的角度研究生态经济的运动规律,从而为更好地管理生态系统服务,而国土经济学侧重于从大国土的角度来研究,不仅包括生态经济系统,还包括自然资源系统和社会经济系统的一部分,研究的范围更广。

4. 国土经济学与土地经济学的关系

土地经济学是研究土地利用中人与土地及人与人之间关系的科学,是经济科学的一个独立分支。土地资源是国土资源的一种,因此,土地经济学是国土经济学研究的重要内容,土地经济学对国土经济学的研究起到了先导性和基础性的作用。土地经济学研究中的供求理论、边际效用理论都是国土经济学研究的重要理论,而土地经济学研究的系统性分析方法和静态分析与动态分析相结合的方法对国土经济学研究起到了很好的借鉴和指导作用。

土地资源是国土资源的重要组成部分,但是土地资源不能代表国土资源,国土经济学不仅包括土地经济学,还包括水资源经济学、矿产经济学、能源经济学、生态经济学和环境经济学。国土经济学的研究需要考虑各种资源环境之间的空间协调性。

5. 国土经济学与经济地理学的关系

经济地理学是研究人地关系的科学,涉及自然、社会经济、技术条件多方面的问题,具有综合性和区域性特征。国土经济学与经济地理学都是从经济的角度研究国土,经济地理学是国土经济学的基础,经济地理学与国土经济学有许多共同的研究对象,如经济活动与资源环境的关系,经济活动的空间特征等。国土经济学的研究要吸收经济地理学的研究成果,借鉴经济地理学的研究方法,在经济地理学的基础上研究国土资源的经济问题。

国土经济学着重于经济研究,着眼于国土开发、利用、保护、治理,主要提供方案和规划,国土经济学的研究侧重于经济学的研究而不是地理学的研究;而经济地理学却着重于地理,侧重于描述、分析、评价,主要提供因地制宜、合理布局意见,其研究成果主要是政策、措施和规划,而不是资源条件调查分析文件(于光远,1981)。

6. 国土经济学与空间经济学的关系

空间经济学研究的是空间的经济现象和规律,研究生产要素的空间布局和经济活动的空间区位。因此,国土经济学与空间经济学都研究经济活动的空间分布,研究资源在空间的配置问题。

国土经济学在研究国土资源的空间分布时,侧重于研究其空间分布状态和分布结果,而空间经济学侧重于从外生和内生两个方面去研究造成经济活动空间分布结果的原因。

三、国土经济学重点学科领域进展概览

(一)国土功能和国土要素研究取得了重要进展

1. 对国土概念的认识不断深化

对国土的定义中,最常见的是从政治的角度来定义的,将国土等同于领土,是指国家主权管辖下的疆域,即国家领土、领海和领空,是一个国家的政治地域概念,是狭义的国土的概念。领土通常指一个国家的陆地部分(包括河流、湖泊等内陆水域)和它向地下垂直延伸的部分。领海指沿海国家根据其地理位置特点、经济发展和国防的需要,自行确定的与其海岸或内陆水域相邻接的一定范围内的海域。国际上至今对海城范围没有作出统一规定,其宽度自 3 海里到 200 海里不等。领空指领土和领海范围内向上的垂直延伸部分,但对其垂直高度目前国际上没有明确规定。国土主权具有不可分割的整体性,不能容忍别国的侵犯。国土作为一个国家和人民生息繁衍的立足点,是主权国家赖以存在和发展的最基本的物质基础。从政治角度来定义的国土可以理解为是主权国家管辖范围的国土,包括国家的全部疆域和资源,同时也是一个立体的空间概念。

国土是以地理环境为基础,以人类社会为主体的矛盾统一体,是一个复杂的开放巨系统。它既是环境,也是资源;既具有自然属性,也具有社会属性。国土是一个高度综合的多层次的概念。

国土与领土、土地是三个含义相近却又不完全相同的术语。国土是指一个主权国家所管辖的疆域,它既包括领土,又包括领海和领空,甚至包括资源和环境。领土是指主权国家管辖下的全部疆域,属于空间的范畴,是国家行使主权的空间。土地广义指整个地球的表层,狭义上指陆地表层。国土包括土地。

2. 对国土意义的认识不断深化

国土具有多重意义:①政治性含义。从国家利益的角度看,是指一个国家的领土、领空和领海的总称,国土是不可侵犯的国家立体疆域。国土及国土资源具有国家主权的含义,是国家立体疆域。由上及下依次为大气圈层、地表圈层和地下圈层。基于此,要从国家安全角度和高度认识、管理和保护好国土和国土资源。要站在国家安全的高度认识和研究国土。②自然资源含义。国土是自然资源基础。国土即民族生存的基础,亦即自然资源基础,既包括自然资源总量、质量、结构与布局的含义,也包括人均资源量的含义。相对于人口而言我国无疑为自然资源基础较差的发展中国家。基于此,应树立可持续发展的观念注重可更新资源永续利用和不可更新资源节约利用。在国土经济学中,应突出自然资源的可持续利用和节约利用。③生命支撑系统含义。从根本上讲,国土及国土资

源是一个国家或地区社会经济发展不可或缺的支撑系统。联合国教科文组织称之为人类及其他生物的生命支持系统。基于此,对于国土的呵护是极其必要的,保护国土就是保护人类及其他生物的生命线。生态支持系统,毫无疑问强调了国土的系统性,国土经济学要加强对国土的系统研究。④自然要素综合体的含义。从构成上看,国土是国家管辖范围内的自然要素综合体的统称,这个综合体由自然资源、生态、环境及其他自然要素组成。从这个意义上讲,国土经济学要分别研究自然资源、生态、环境等国土自然要素的经济问题、经济现象和经济路径等。⑤空间视角含义。国土是三维空间,甚至是四维空间(另加时间维度)。从这个意义上讲,国土就是一个国家或一个民族生存和发展的空间。注重和研究国土的空间属性及与之相关的经济活动、经济现象和经济问题等,是国土经济学的重要内容。

3. 对国土功能的认识加速深化

伴随着资源、环境、生态问题的不断出现和加剧,以及伴随着社会经济发展面临挑战的不断出现和加剧,对国土功能的认识加速深化。概括起来,国土的主要功能主要体现在如下方面:①生命支持功能。国土作为人类生产生活的基础,为人类生存发展提供基本的生产和生活资料,国土及国土资源为社会经济发展提供支撑,支持人类生命系统的延续。自然资源提供了人类生产生活所需的物质和能量,支持着人类的繁衍生息,而生态环境是维持自然资源可持续更新必不可少的环境,构成人类生产生活的外部条件。国土除具有维持人类生命的功能外,同时也为自然界各种生物生存提供支持。②资源基础功能。自然资源作为国土资源最重要的组成部分,为社会经济发展提供最基本的物质支持;土地资源为社会经济活动提供基本的场所,是农业生产的基本投入要素;矿产资源为各类生产提供原材料和能源;生物资源是人类种植、养殖物种的基本来源;水资源也是人类生存和经济发展不可或缺的基本要素。③环境承载功能。国土为人类提供基本的自然环境,如地形地貌、水文、地质、气候、植被等,构成了人类生存的基本环境。同时国土为国民构建了基本的社会经济环境和政治环境,一国或地区社会经济发展水平决定着人们的生活质量,稳定的政治环境使国家能够向国民提供公共安全服务以及在国际交往中保障国民的基本权利。④生态服务功能。从生态学的角度来看,构成国土的基本要素同时构成一个大的生态系统,它由无数个生态子系统构成,使能量流动和物质循环。如植物通过光合作用释放氧气、微生物将动植物尸体分解等。生态系统具有自我调节的能力,人类只是这一系统中的一个生态链条中的一环,受生态系统的影响与约束,同时人类活动对生态系统产生深刻的影响。⑤活动空间功能。国土具有承载功能,为人类生产生活提供基本的活动空间。如人类从事生产及开发建设的场所,旅游休息的场所,居住消费的场所等,都是基于国土空间而分布的。随着人类科技的发展,使人类得以有机会探索地球之外的星体,作为人类活动的外太空,则已经突破了国土空间的界线。

4. 国土要素的认识全面深化

对国土各类要素的认识全面深化。按国土构成要素基本特征,可以分为国土资源要素、国土环境要素、国土生态要素和国土空间要素等4类。①国土资源要素。从资源科学角度分类,国土资源可分为水资源要素、土地资源要素、矿产资源要素、能源资源要素、海洋资源要素等。②国土环境要素。从环境科学角度理解,国土资源的形成环境可分为陆地环境要素、水域环境要素、大气环境要素、生态环境要素及复合环境要素。③国土生态要素。从生态学角度分析,任何国土要素都是生态系统的组成部分,根据生态系统的定义,生态系统是特定区域中的全部生物和其环境相互作用的统一体;生态系统是在一定的时间和空间范围内,生物与生物之间、生物与非生物(温度、湿度、土壤、各种有机物和无机物等)之间,通过不断的物质循环和能量流动而相互作用、相互依存所形成的一个生态学结构和功能单位。由于生态系统由非生物环境和生物群落构成,那么其组成部分——各种国土要素就可视为这两部分中的要素,多要素复合形成一个动态系统,具有物质循环、能量流动和信息传递三大功能,内部具有自调节、自组织、自更新的能力,属于生态学的最高层次。④国土空间要素。从地理学及其他空间科学角度分析,国土空间要素体现出典型的空间和地学特征,空间要素为区域性因素,主要包括自然空间要素、社会空间要素和经济空间要素。自然空间要素是光、温、水、土等要素在大气环流和小气候规律控制下进行重新组合分配,从而产生了不同的国土资源类型和利用方式。社会空间要素是国土资源在不同文化、民族、种族、制度环境中及相应的法律、法规、政策调控下形成的国土资源类型和利用方式,经济空间要素是国土资源在不同区位、技术、资本、劳动力等组合条件下形成的国土资源类型和利用方式。

(二)国土空间经济分析理论与方法取得的重要进展

国土空间经济分析是利用各种定量方法确定经济活动的空间结构特征、时空演化规律、经济社会发展与国土空间相互影响的重要手段,是国土经济学的重要内容。

国土空间经济分析的研究重点不断拓展,目前主要集中于9个研究重点,即全局空间统计、空间聚集分析、空间聚类分析、市场可达性分析、空间差异识别、最佳格局设计、国土格局识别、空间直观分析、空间足迹分析。

国土空间经济分析的应用前景十分广阔,特别在如下方面具有较大的发展潜力和应用前景:全局空间统计正在得到越来越广泛的应用,应用到空间聚类分析、空间聚集分析等方面,还应用于确定经济发展的空间差异和最佳布局,应用于分析市场的可达性和经济活动的空间足迹;球面空间分析的兴起和发展,能够更加准确地分析经济、社会和环境在国土尺度上的空间依赖和相互影响,为国土规划、区域发展、产业布局等提供技术方面的支撑;空间聚类分析在空间经济发展中的应用,有助于划分不同空间密集性、不同地理尺度的多中心、网络化的城市聚集区,为界定不同的城市网络聚集区提供比较科学的定量标准;最佳格局设计在空间发展政策中的应用,可提高设施配置需要兼顾效率、公平、安全等目标的能力。

展望未来,国土空间经济分析的发展和应用前景仍然十分广阔。国土空间经济分析正在改变国土空间与经济分析间关系的识别方法,在经济学和空间分析之间架起一座有效合作和深度融合的桥梁,影响着经济学的空间模型化进程。

(三)国土规划理论与方法取得的新的显著进展

系统回顾了国内外国土规划的发展历程。系统回顾和比较分析了欧盟、德国、法国、日本、美国等国外国土规划发展历程；同时，也简要回顾了我国国土规划的发展历程，认为20世纪80年代的国土规划已经接近于成功。

系统分析了我国新时期国土规划编制的新趋势与新要求。认为规划思路应与现行相关空间规划有所差别；应注重提升国土资源部门的职能，能够对重点国土开发保护活动的空间部署进行统筹；应充分体现相关重点部门规划发展需要；要体现规划宏观战略性和重点国土开发保护问题的落地性；要充分体现已部署的20余个重点区域发展战略需求和部署；要与主体功能区规划、城镇体系规划、生态功能区划等重要空间规划进行充分融合和协调，不能矛盾。

系统梳理了新时期国土规划试点所取得的重要进展。这些进展包括：（1）规划主题新进展——突出可持续发展。（2）规划定位新进展——将国土规划定位为区域发展和各专项规划的"基本依据"。（3）规划思路新进展，包括"国民经济和社会发展规划"＋"空间功能分区"＝"国土规划"的规划思路；"国土资源开发利用"＋"空间布局"＋"广域合作与生态保护"＝"国土规划"的规划思路；将经济建设、区域合作与开发、城乡一体均衡、构建绿色生态文明、继承创新文化、突出有力保障等方面的内容融入国土开发、建设领域之中，构成城市级国土规划的主体思路和主线；"国土资源环境承载力和允许度"＋"国土开发保护空间分区"＋"重大国土开发保护问题空间落实"＋"土地等重要国土资源开发利用政策制度创新"＝"国土规划"的规划思路。

深化了对国土规划功能的认识。认为国土规划可以统筹各类开发建设规划，建设高层次综合性国土规划体系；严格保护农业生产空间，提升农业产业发展水平；合理确定工业发展空间，设计各类园区准入、效益标准；科学进行农村类型划分，规范推进城乡建设空间统筹优化；优化城镇建设拓展规模，科学推进城镇土地改造；突出国土综合整治，构建边境国土安全格局；促进海洋国土和谐开发，提升区域海洋区位优势；创新生态环境保护途径，实施以"发展"促"保护"；完善国土资源管理制度，配套特色资源利用政策。

创新构建了国土发展空间类型体系框架。按照实现规划独创性的具体要求，国土规划中的国土发展空间类型划分，以突出"发展"为主线，统筹"开发"和"保护"，将宏观层次以行政区为基本单元的"国土分区"与中微观层次国土开发利用空间类型相结合，由Ⅰ级国土发展区与Ⅱ级城市与工矿开发空间、农村和农村发展空间、生态保护涵养空间、国土整治空间共同组成国土发展空间类型体系。

进一步明确了国土规划主体内容框架。认为新时期国土规划应包括如下主体部分：总则，国土资源禀赋及开发利用现状，经济社会发展战略定位，国土资源与环境允许度，跨省域协作与交流，城镇与乡村建设空间规模优化与布局，产业结构优化与建设空间规模调控，交通运输体系建设与港口发展空间协调，基本农田保护与农业生产空间构建，能源保障和矿产资源开发利用布局，城市地质环境调查与问题防治，生态环境保护、治理与灾害防治，国土规划信息系统建设与制度保障，附则。

（四）国土开发理论与方法取得一定进展

拓展了国土开发的基本要素和主体内容。认为国土开发应充分考虑自然环境要素、国土资源分布和组合状况、经济和技术水平条件等基本要素。同时，拓展了国土开发的主体内容,认为国土开发应包括开发目标、开发重点、开发原则、开发策略、开发规划、开发手段、开发管理7个方面。

深化了国土开发经济分析方法研究。深化了国土开发的成本-效益分析方法研究,拓展了国土开发成本分析内涵,直接成本、间接成本、机会成本和时间成本等;拓展了国土开发效益的内涵,国土资源开发的效益包括基本效益,无形效益和外溢效益3种。同时,强化了国土开发的门槛理论研究。门槛主要体现在国土开发各要素及其变化上。同时,交通运输条件亦是重要的门槛因素。

系统梳理了近期我国国土开发理论与实践成果。认为近期公开研究成果较少,但其中的"点—轴"系统理论,以及多极核圈域开发、多极核网络开发、面状区域开发理论等有一定的影响力和应用价值。同时,也系统梳理了我国国土开发的实践。认为主体功能区规划是我国国土开发在国土空间中最重要的应用成果。同时,西部大开发是国土开发在我国区域层面的重要应用。

对国土开发发展方向、发展重点与前景进行了展望。认为构建国土开发法律(或规划)体系、调整国土开发战略布局、优化国土开发的模式,应作为重点。同时,城乡区域协调发展、国土资源集约高效利用、有效防治环境污染、生态系统服务功能提升、国土空间精细管理等方面,可望取得重要进展。

(五)国土安全评价理论与方法取得系统性进展

对国土安全进行了系统界定。认为国土安全,是指一国的国土要素,包括资源、生态、环境、交通、金融、通讯等对国家经济社会良性发展的保障程度以及免遭外界侵害的可能性大小。同时认为国土安全是国家安全的起点和归宿。

系统梳理了近期国土安全评估重点领域的研究进展。认为在生态系统服务功能评估的理论和方法方面取得了重要进展,包括生态系统服务功能的界定、评估、建设等方面,均有重要进展;在国土自然灾害评估与预警方法方面取得了重要进展,包括国土自然灾害风险评估、国土自然灾害损失评估、国土自然灾害预警分析等方面,均取得了重要进展。深化了对气候变化与国土安全关系的认识。认为气候变化已成为影响国土安全的新因素,气候变化直接关系国土资源安全,同时气候变化对地缘政治格局有着显著影响,气候变化还关系到国土军事安全。

在重要资源安全评估方面取得了重要进展。包括能源(石油)安全评价理念、理论和方法的进展,矿产资源安全评价理论与方法的进展,矿产资源安全综合评估方法的进展,重点矿种的安全评估。在海洋资源开发与安全评估方面取得了重要进展,包括海洋资源观念的更新、海洋生态环境安全状况评估、重要航线安全状况评估、海洋领土安全状况评估等方面取得了进展。

对国土安全评价的发展趋势进行了展望。认为非传统安全是未来影响国土安全的主要威胁源;非传统安全对国土安全的威胁主要来自海洋国土资源受到蚕食,海上领土争端和海上运输安全受到威胁而导致的局部冲突,有可能成为军事冲突的导火索。国土安全综合评估方法迫切需要创新和完善。

（六）国土规制理论与方法取得开拓性进展

将规制的概念和理念系统地引入国土领域。所谓国土资源规制，是指政府、特别是中央政府，对包括土地、水、能源、矿产资源及生物资源等在内的国土资源的勘察、开发、利用、经营等行为进行约束，并将国土资源作为规制手段，对企业、地方政府及其他社会组成部分的经济社会行为进行约束，以使之更符合国家利益、公共目标和社会需求的行为。

认为国土规制有着坚实的理论基础和巨大的现实需求。国土规制的理论基础包括政府规制理论、自然资源基础理论和稀缺理论、公共物品理论和外部性理论、生态服务理论和环境容量理论、市场失灵理论与政府干预理论等。同时，认为中国对实施国土规制有着巨大的现实需求，同时也已经具有了一定的制度基础。

梳理了各类资源规制研究的主要进展。在土地资源规制研究方面，认为目前主要集中于对土地利用的规制，而对于土地开发、土地保护等的规制研究尚未涉及。同时，目前的土地规制研究缺乏系统的理论体系，主要是针对特定问题的研究，未来的土地规制应提升到理论层面，构建土地规制研究的理论框架。在水资源规制研究方面，认为水资源规制主要包括水资源定额管理、用水总量控制、水资源效率控制、水功能区限制纳污、取水许可制度、水源地保护制度等。目前的水资源规制研究集中于水务产业规制、水资源用途管制、水权及水权交易规制等方面。在能源资源规制研究方面，认为能源资源规制是发展最快也是规制强度变化幅度最大的国土规制。能源效率标准、能源政府定价或能源政府指导价是最常见的能源规制的形式，涉及能源开发、能源利用、能源保护等过程。国内关于能源规制的研究较多，包括能源管制综合研究、能源价格管制、能源规制效应等研究。在矿产资源规制研究方面，认为我国目前矿产规制的强度和力度相对较小，相关研究比较分散，包括矿产资源价格规制、矿山环境规制、战略性矿产规制、小矿规制等。

对国土规制的发展重点进行了预测和分析。认为预期在国土规制手段和方法、国土规制的指标体系设计、国土规制的效果预期等方面，可望取得重要进展。同时认为我国的国土规制具有较大的发展空间。国土规制不仅能解决国土资源、国土空间和国土环境中出现的问题，还可以作为一种政策工具调控区域经济的发展方向、发展速度等，是对国土功能的拓展和深化。同时，国土规制理论的提出还可以丰富区域经济学、国土经济学的理论，为区域可持续提供新的理论指导。

（七）绿色与低碳国土研究取得一定进展

对绿色国土研究进展进行了简要分析。分析了绿色国土概念的源起与界定；回顾了我国绿色国土开发的进程；并根据绿色国土的理念，对我国国土开发进程与问题评估，认为空间开发综合绩效较差、空间结构失衡、过度开发等问题突出。

对低碳国土的理论与政策实践进行了简要分析。认为低碳国土是指在国土开发和利用过程中，以减少温室气体（GHGS）排放为目标，以适应和减缓气候变化为手段，高效利用国土资源的一种可持续的开发方式。认为在如下方面取得了重要进展：①中国土地碳排放类型和数量及其测算。包括对土地利用的直接碳排放进行了测算，对土地利用的间接碳排放进行了测算。②低碳国土开发的政策机制和能力建设。包括政府监管机制建设,田水利等基础设施建设,监测、预警和应急机制,二氧化碳海—气交换通量和海平面监测机制,低碳农业能力建设。③低碳国土的试点实践。包括开展低碳省份城市试点,建立低碳国土实验区等。

四、国土经济学发展趋势与展望

展望未来,国土经济学将在如下方面加强创新和加快发展:

(一)国土要素市场化配置研究加速创新和应用

展望未来、特别是未来3～5年,国土经济学的研究,将更多地引入市场机制,加强包括资源、环境、生态、空间等要素在内的国土要素的配置市场化机制研究,更加注重相关价格、税收、规费等价值手段的研究和应用,将更加注重对国土资源市场及其运行、失灵、规范和管理的研究等。

预期将在资源税费、环境税费、生态补偿、环境交易,以及国土空间市场配置等方面,取得显著进展,为以市场化手段调控国土开发、保护、利用、管理的格局和进程等,提供重要的理论和方法支撑。

(二)国土要素配置的政府规制研究加速创新和达成共识

展望未来、特别是未来3～5年,国土经济学的研究将更加重视国土规制的研究,将更加明确地提出国土管理应充分发挥国土规制作为政府与市场间桥梁的作用,同时将更多地注重政府国土管理职能及其优化的研究。

可望在国土规制体系构建、国土规制关键指标、国土规制基本手段等研究及应用方面,取得重要进展,为提高国土管理的科学化、规范化和时效性、有效性等,提供重要的理论和方法支撑。

(三)国土经济学将更多地汲取新的经济学概念、理论和方法

作为一门应用经济学科,无疑要从经济科学大家族及其发展中汲取营养,并以此作为本学科发展、创新的动力。展望未来、特别是未来3～5年,国土经济学的研究将更多地从制度经济学、资源经济学、土地经济学、环境经济学、生态经济学、区域经济学、经济地理学等众多学科的发展中,汲取有益的营养。

可望在国土保护经济理论、国土经营理论、国土开发理论等方面,取得重要进展,从而为我国国土有效保护、规范经营、合理开发等,提供重要的、不可或缺的理论和方法支撑。

(四)国土经济学研究定量化发展

展望未来、特别是未来3～5年,国土经济学的研究将更多地运用回归分析、时间序列分析、决策分析、优化分析、投入产出分析,以及实验、观察、访谈、测量、问卷、描述、解释和预测等分析方法,从经济、社会、国土等多个角度,加强国土经济的定量化研究。近期将重点加强国土资源与国土空间的定量分析,加强国土基础数据库的开发利用,并支撑国土科

学规划和决策。

可望在国土空间定量分析方法、国土资源要素流动分析方法、国土承载力评价方法等方面,取得新的进展,从而为国土科学决策提供重要的方法和手段。

(五)将更多地与国土开发、利用、保护、整治的实践结合

作为一门应用性极强的经济学科,国土经济学既强调以理论和方法指导实践,又强调从实践中汲取有益的营养。展望未来、特别是未来 3~5 年,国土经济学的研究,将以国土规划的研究、制定和实施为重要契机,更加密切地与国土规划、国土开发、国土利用、国土保护、国土整治、国土经营等重要实践活动结合,实现理论与实践的良性互动发展。

未来一个时期,可望在国土评价(重点是国土承载力评价、国土安全评价)、国土配置(重点是国土政府配置透明化、国土市场配置规范化、土地和矿权流转等)、国土保护(重点是耕地保护经济机制、各类国土保护区保护经济机制等)等方面,取得重要进展。

(六)国土经济学的学科地位将更加明晰

不可否认,截至目前,教育部所颁布的相关学科分类或学科目录中还未将国土经济学包括进来。例如,1998 年颁布的《普通高等学校本科专业目录》中,在经济学(02)一级学科(学科门类)下列出了经济学(020101)、国际经济与贸易(020102)、财政学(020103)和金融学(020104)等共 4 个二级学科,并在管理学(11)一级学科(学科门类)下列出了管理科学与工程类(1101)、工商管理类(1102)、公共管理类(1103)、农业经济管理类(1104)和图书档案学类(1105)等共 5 个二级学科,并在公共管理类下列出了行政管理(110301,可授管理学或法学学士学位)、公共事业管理(110302,可授管理学、教育学、文学或医学学士学位)、劳动与社会保障(110303)、土地资源管理(110304,可授管理学或工学学士学位)等 4 个三级学科。

另外,《中华人民共和国国家标准学科分类与代码表》(GB/T13745-92),共设定了自然科学类、农业科学类、医药科学类、工程与技术科学类和人文与社会科学类等共 5 个学科门类,数学、经济学等 58 个一级学科,573 个二级学科和近 6000 个三级学科。在经济学(代码 790)下设了包括政治经济学等 99 个二级经济学科,其中与国土经济学相关的二级经济学科主要有:经济地理学(790.19)、生态经济学(790.43)、城市经济学(790.47)、资源经济学(790.49)、环境经济学(790.51)、农村经济学(790.57),另外还以"经济学其他学科"(790.99)涵盖了未列入的经济学科。从中亦发现未将"国土经济学"列入。当然土地经济学等类似学科亦未列入。

鉴于国土及相关问题、特别是国土经济问题的重要性与日俱增,以及鉴于经济学是应用性极强的学科,相信在广泛汲取相关学科理论和方法的基础上,国土经济学的学科体系将越来越健全,在经济社会发展中的作用会越来越重要,从而会在学科体系中占有重要位置。就目前学科分类体系看,国土经济学暂时可以列入"经济学其他学科"之中。

参考文献

[1] 李树琮. 对建立和发展国土经济学研究的探讨[J]. 当代财经,1981(2).

[2] 陈敦义. 国土经济学基本问题浅说[J]. 山西财经大学学报,1986(4).

[3] 杨树珍等著. 国土经济学[M]. 天津:天津人民出版社,1986.

[4] 吴楚才. 国土经济学[J]. 地球科学进展,1991(6).

[5] 教育部. 普通高等学校本科专业目录.1998.

[6] 中华人民共和国国家标准学科分类与代码表[S]. 国家技术监督局.

撰稿人:谷树忠　董德坤　周　洪　肖金成

专题报告

国土空间经济分析理论与方法

一、引 言

国土空间经济分析,是将空间分析和经济分析有机结合起来,用于分析国土空间格局及其演化、经济空间格局及其演化的重要手段。其产生和发展既源于不断发展和变化的需求,亦源于经济学理论和方法的发展和创新。国土空间经济分析的内涵不断拓展和丰富,目前得到广泛应用的方法已多达10余种,包括全球空间统计、空间聚类分析等,且每种方法亦都在不断发展和完善。

我国作为国土空间广阔、产业布局变化剧烈、人口分布空间特征突出的发展中大国,在国土空间配置及其优化方面,有相当长的路要走,从而为国土空间经济分析提供了广阔的空间和潜力;同时,国土空间经济分析在我国国土经济领域的应用和发展,亦必将为丰富和发展国土空间经济分析理论和方法,做出重要的贡献。

二、国土空间经济分析的源起与功能

(一)国土空间经济分析的源起

将空间因素引入经济研究一直是经济学家的梦想。1826年,德国学者Thunen提出了以"同心环"为特征的农业土地利用模型,首次将空间结构引入经济分析,对经济学发展进程产生了十分深远的影响。1969年,第一届诺贝尔经济学奖得主Tinbergen在获奖讲座中呼吁将空间因素引入经济模型中。20世纪中叶,美国经济学家Isard创立了区域科学领域,推动了世界经济学研究中的区域分析思潮。1991年,美国经济学家Krugman建立了新经济地理理论,将核心—边缘结构引入正统经济模型,由此获得2008年度诺贝尔经济学奖。新经济地理极大地激发了经济学界、区域科学界等领域对空间经济研究的广泛关注。

将空间引入经济研究不仅在理论模型方面取得了巨大的进展,在方法方面也获得了十足的进步。一方面,许多经济学家(如耶鲁大学Nordhaus)开始大量使用来自地理学等领域的各种空间分析方法、技术(如地理信息系统)和空间数据(如遥感数据)确定各种经济变量的空间关系和各种地理因素对经济发展的影响。另一方面,各式各样的空间分析方法在人口学、统计学、地理学等研究领域呈现,这些方法不断地被引入到经济学和区域经济学领域。空间分析的新方法和新技术丰富了经济学和区域经济学两个领域的学者对地理空间的理解。空间不再是古典经济学中抽象的概念,也不是空间经济学中的几个点或单一的线。在空间经济分析领域,空间是多点异质的,网络化的,球面的,动态演化的,可观测的,可视化的。

(二)国土空间经济分析的理论基础

在这里,试图对这两个方面有关经济活动的空间分析即空间经济分析研究进行概要的综述与评析。主要从经济学、区域经济学(包括区域科学、区域发展领域)和国土经济学角度总结有关空间经济分析的研究,没有系统地考虑地理学等其他领域的相关研究。侧重能够分析各种空间分布(点状、线状、网络、球面、曲面)整体性或全局性(global)的方法,没有涉及侧重空间分布差异性的局域(local)空间分析。试图总结对国家(或国土)层面可观测的空间经济现象、与区位和距离有关的空间分析的研究进展,因此没有涉及那些区域、城市层面的空间经济研究。国家层面经济活动的空间分布是新经济地理、区域和城市经济学关注的一个重要方面。最新的《区域和城市经济学手册》(第 4 卷)有 3 章分别探讨了北美、欧洲、中国和日本经济的空间分布特征。

(三)国土空间经济分析的功能

国土空间经济分析旨在利用各种定量方法确定经济活动在国土空间上的精细结构特征、时空演化规律、对经济和社会发展的影响(效率性和公平性)以及与国土空间的相互影响。经济活动的空间结构是一个国家经济的聚集化和网络化的全面体现。经济活动包括市场、产业、城市、交通、人口、土地利用等方面。经济活动的空间聚集水平直接制约着一个国家经济的生产率和竞争力,经济活动的空间网络化程度影响着一个国家社会经济发展的公平性、均衡性和一体化水平。经济活动的空间演化规律一般与一个国家所处的发展阶段有关。国家工业化的过程往往是制造业活动不断集中、聚集化的过程。土地利用特征体现了经济活动对国土空间的直接影响,而经济活动的聚集水平和网络化程度往往受到国土空间(如地形)的强烈制约。因此,国土空间经济分析涉及经济发展的动力(市场)与载体(产业、交通和人口),也涉及经济活动的足迹(城市、土地利用)和依托,即国土空间本身。

表 1 空间经济分析研究领域分类

类型	研究领域和方向	侧重点
基本方法	全局空间统计、空间网络分析 空间聚集分析、空间聚类分析	多学科来源
特殊方法	市场邻近性分析、空间差异识别 最优格局设计、国土格局识别	经济学、区域经济学
数据	空间直观分析、空间足迹分析	经济学、区域经济学

(四)国土空间经济分析的研究领域

国土空间经济分析研究领域不断发展,相关方法不断改进和完善。截至目前,主要有 10 个国土空间经济分析研究领域。这些领域反映了空间经济分析方法的多样性,方法应用的多目标性和空间数据的多样性,也反映了空间分布的多样性和复杂性。

在这 10 个研究领域中,4 个是空间经济分析的基本方法,4 个是空间经济分析的特殊方法和应用领域,2 个是基于空间数据的空间经济分析领域(见表1)。不过,这种分类不是完全一致的,有些领域具有一定的重叠性。最优格局设计既是空间经济分析中目标性很强的方法,也是区位分析、设施区位选择中最常用的方法。空间直观分析代表着面向空间数据的研究领域,也是一种空间数据变换的方法。特别是这些领域的发展状况存在巨大的差异。全局空间统计已经有 100 多年的发展历史,在许多学科领域得到了广泛的应用。空间足迹分析,是近 10 年兴起的研究领域,它与卫星遥感数据的大量涌现密切相关。

三、国土空间经济分析发展现状分析

(一)全局空间统计

全局空间统计是空间统计的分支之一,是有关各种空间分布的整体性特征的描述、推断和预测的交叉研究领域。这里,空间分布包括点状格局、线状格局、面状格局和曲面,它们可以展布在二维平面空间、球面空间或其他曲面空间上。空间分布的整体性包括它的中心性(centrality)、展布性(spread 或 dispersion)、密集性(intensity)、方向性(orientation 或 direction)和形状(shape)。它起源于 19 世纪后半叶的人口统计研究,是统计学、物理学、几何学、人口学、经济学和地理学等领域相互交叉的学科领域。

全局空间统计与一般空间统计(包括空间经济计量学等空间分析领域)具有显著的差异。首先,一般空间统计通常侧重分析空间分布的局部性或差异性特征,需要处理观察样本的空间非独立性即空间依赖性问题。全局空间统计关注的是空间分布的整体性特征而不是空间分布的差异性和依赖性特征。其次,一般空间统计针对点状、线状和面状的空间分布往往采用不同的统计方法,全局空间统计不仅适用于点状的空间分布,也同样适用于线状(包括网状)和面状的空间分布。

全局空间统计具有许多描述空间分布各种整体性的指标。描述中心性的主要指标有平均中心、中位(或中值中心),描述展布性的主要指标有标准距离、平均距离或径向距离,描述密集性的主要指标有密度和空间密集性指数,描述方向性的主要指标有轴线或标准差椭圆长轴,描述形状的主要指标有标准差椭圆短轴与长轴之比和叠合系数。使用标准差椭圆可以同时描述空间分布的中心性、展布性、方向性和形状。

全局空间统计作为一个相对独立的研究领域具有悠久的历史,广泛的应用领域。1872 年,美国学者 Hilgard 探讨了测度美国人口分布的中心性特征。1874 年,美国国家统计局局长、麻省理工学院校长 Walker 率先认可人口中心方法并在美国第一卷《国家统计年鉴》正式发布了 1790 - 1870 年该国的人口中心。20 世纪二三十年代,全局空间统计发展呈现全球热潮。苏联、德国、法国、意大利、加拿大和日本等国学者使用有关方法确定各国国土空间、社会经济和自然资源的中心性特征。苏联在 20 世纪 30 年代组建了以门捷列夫名字命名的专门的实验室。美国统计局每隔 10 年就公布美国不断迁移的人口中心。以色列国家统计局局长 Bachi(1999)和美国学者 Neft(1966)为全局空间统计发展做出了重大贡献,出版了到目前为止最为全面深入的全局空间统计论著。

全局空间统计因侧重分析空间分布的整体性、全局性特征而得名（赵作权等，2010）。它最初被称为中心形态学（centrography），主要关注点状分布的中心性，它自身并不包含空间分布其他方面的整体性特征，如密集性和形状，因此后来被几度更名。Burt & Barber（1996）将 centrography 列为空间分布统计方法，Hammond & McCullagh（1978）称 centrographic 方法为空间分布的度量指标，Warntz & Neft（1960）把 centrography 称为有关面状分布的统计方法。这里沿用全局空间统计（赵作权等，2010；空间整体统计，见赵作权 2009），突出它关注空间分布的整体性、全局性特征，以区别侧重空间分布局部特征的一般空间统计。

（二）空间网络分析

空间网络将城市、人等密切联系起来，如交通通讯网络。空间网络分析侧重网络、区位和距离有关的空间属性，如中心性，聚集性。网络的空间属性不同于网络分析、社会网络分析所关注网络的拓扑属性。与一般网络一样，空间网络同样具有中心性、展布性、聚集性、方向性和形态等整体特征。目前空间网络分析主要侧重与区位、距离无关的拓扑特征，如邻近中心性（closeness centrality）和网络直径，以及与区位、距离有关的局域空间特征，如平均距离（Barthelemy，2010；Xie & Levinson，2007）。这里侧重有关空间网络的中心性研究，有关空间网络聚集性的研究已列入"空间聚类分析"和"空间聚集分析"部分，有关空间网络展布性、方向性和形态算法的文献很少见。

网络的空间中心性一直是区位分析、设施区位选择中所关注的问题。描述空间中心性的指标包括网络的中位（median）和中心（center），前者要求设施配置点（如学校）距离服务对象越近越好，后者要求配置点（如核废料处理设施）距离服务对象越远越好。网络中位是指到网络所有节点的最短路径距离之和最小的节点，它是区位分析、设施区位选择中的 1－中位问题或者最短旅行距离（Minisum）问题。Harary 和 Norman（1953）、华罗庚等（1962）和 Goldman（1971）先后提出了计算网络中位的算法（Eiset & Marianov，2011；ReVelle & Eiselt，2005）。网络中心计算直接使用网络所有节点的坐标，要求平方化的距离最小，是区位分析、设施区位选择中的 1－中心问题或者最小最大反应距离（Minimax）问题。Hakimi（1964）和 Goldman（1971，1972）先后提出了计算网络中心的算法（Eiset & Marianov，2011；ReVelle & Eiselt，2005）。

空间邻近性是网络展布性的一种反映。地理学家对空间邻近性（或可达性）特别是交通网络邻近性分析做了大量的研究（见综述：Lei & Church 2010；陈洁等 2007；Church & Marston 2003；Kwan 等 2003）。Li 和 Shum（2001）详细地刻画了中国高速公路网络的空间邻近性。曹小曙等（2005）分析了基于干线公路网络的中国城市通达性。金凤君、王娇娥（2004）探讨了 20 世纪中国铁路网络的空间邻近性及其变化。

（三）空间聚集分析

空间聚集分析又称为热点（hot spot）分析，来源于点格局分析，侧重识别产业（包括公司）、疾病、犯罪案件、交通事故在地理空间上的非正常和相对集中水平。Kulldorff（2006）对空间聚集分析领域进行了系统的综述评价。空间聚集分析是对一般空间分布的密集性的比较判断,旨在确定现实世界的空间分布是否与某种基准分布具有显著的差异。如果所用的基准分布是空间完全随机,空间聚集分析需要判断所研究的空间分布是否是完全随机(或者聚集)的。如果所用的基准分布是一种现实世界的空间分布(如人口),空间聚集分析需要判断所研究的空间分布(如某种疾病患者)是否是相对聚集的。

(四)空间聚类分析

空间聚类分析依据区位和属性的相似性把一个空间分布(包括点状、线状)中的所有物体分成若干类型区(类)。空间聚类分析假设现实世界中的空间分布并不是完全随机的,总要呈现一定规模和空间范围的聚集和集中。空间聚类分析包括一般空间聚类方法和区域化方法(Mennis & Guo,2009)。一般空间聚类(spatial clustering)是一般统计聚类方法在空间上的延伸,主要通过分割(partition)、层次(hierarchical)、密度(density)和栅格(grid)等途径进行聚类分析。每种聚类方法包括不同的聚类算法。分割聚类板块由重心(centroid)作为分割标准的 k - Means 算法和由中位(median 或 medoid)作为分割标准的 k - Medoids 算法,其中比较著名的 k - Medoids 算法包括 PAM、CLARA 和 CLAR-ANS。有效研究将 k - Means 和 k - Medoids 聚类分别和区位分析中的 p - center 问题和 p - median 问题联系起来(Murray 1999;Murray & Estivill - Castro 1998)。比较常用的层次聚类算法包括 AGNES、BIRCH、Chameleon 和 DIADA。比较著名的密度聚类算法包括 DBSCAN、DENCLUE 和 OPTICS。比较常用的栅格聚类算法包括 CLIQUE、STING 和 WaveCluster。Han 等(2009)系统地综述了主要适用于点状分布的一般空间聚类研究。需要指出的是,一般空间聚类可能使用不同的距离概念——平面空间的欧式距离,球面空间的球面大圆距离,网络空间的最短路径距离。

区域化(regionalization)方法是一种特殊的空间聚类方法,利用目标函数最优化将若干较小的区域转变成由一些空间相连区域构成的较大的区域(Mennis & Guo,2009)。区域化聚类与区位分析中涉及空间优化的 p-中心问题类似,因此有时被称为 p-区域问题(Duque 等,2011)。Duque 等(2007)对区域化聚类进行了系统评述,将该类方法分为八个亚类。Mennis & Guo(2009)将区域化聚类分为三个亚类。区域化聚类最难的问题是如何兼顾区位和属性两个变量的相似性和如何确保被聚类区域的空间相邻(Duque 等,2007)。区域化聚类不仅适用于具有区域特征的格数据,也适用于点数据和流(空间作用)数据(Guo & Wang,2011)。区域化聚类既包括一般空间聚类中的分割方法和层次方法在区域化分析的拓展,也包括空间相邻约束聚类(Guo & Wang,2011)。

(五)市场邻近性分析

市场邻近性分析旨在确定市场的空间结构和邻近性,是确定市场邻近性影响的前提,是新经济地理实证分析的主要内容。市场邻近性(market accessibility)制约着经济和产业的空间结构,这是诺贝尔经济学奖得主克鲁格曼新经济地理理论(Krugman,1991)的核心思想之一。测度市场邻近性的方法主要有两种:市场潜能和市场邻近指标。市场潜能(market potential,MP)是地理学家 Harris(1954)提出的基于地理距离测度市场空间邻近性的指标,它与物理学家 Stewart(1947)提出的人口潜能指标非常相似。Krugman

(1993)认为可以使用市场潜能地图表示市场的空间邻近性。市场邻近(market access)指标是一些经济学家为市场潜能提供了微观经济学的实证分析基础,在度量市场潜能时考虑了竞争或价格的影响(Fujita,Krugman & Venable,1999；Krugman & Venable,1995；Krugman,1992,1993)。值得重要的是,市场邻近性侧重市场分布的空间密集性,与地理学领域基于人口和交通的空间可达性研究有一定的差别(陈洁等,2007；Kwan 等,2003；O'Kelly & Horner,2003)。

(六)空间差异识别

空间差异识别旨在确定经济差异的空间格局特征。它有不同的参照方法和标准。目前空间差异识别的工具主要是重心(或平均中心)方法。国土空间常常作为空间差异识别的标准。刘卫东(1993)认为,"当区域经济发展处于均衡状态时,区域经济重心与区域几何中心的位置重合。区域经济重心与空间几何中心的整合程度是区域经济发展均衡状况的集中体现。二者距离越近,说明区域经济发展趋于均衡状态,各地经济发展水平相接近；越远,则相反"。

使用国土空间作为经济发展差异的参照标准可能夸大区域差异的水平。李秀彬(1999)比较了中国经济、人口和几何轮廓的地理中心,发现"与人口重心相比,我国的经济重心偏东,但偏离的程度远没有相对全国几何中心偏离的那么大。这说明,如果不考虑人口分布,简单地列举三大地带经济总量的方式测度我国地区发展的均衡性,会严重夸大实际存在的地区差异"。

(七)最优格局设计

最优格局设计是指有关各种空间布局的目标、方法和判别标准的研究领域,是区域发展和区位分析等研究领域常常遇到的问题。这里最优目标包括效率(efficiency)、公平(equity)、均衡或平衡(balance)和安全(safety)。效率、公平、均衡是区域发展特别是国土空间上经济发展通常需要考虑的目标,效率和公平是宏观经济发展、区域发展和区位分析所需要考虑的目标(Kuznets,1955；Morrill & Symons,1977；Martin,1999),特别是公平是公共设施区位选择的主要目标(宋正娜等,2010)。公平、均衡和安全这三个目标常常与国土空间、人口和人口分布密切相关。例如,空间公平目标既可能以人口分布为参照标准,也可能以国土空间格局为参照标准。

在区域发展领域,国土空间和人口常常作为空间均衡、空间公平(无空间差异)的参照标准,其中空间重心或中心作为具体的判别标准。空间几何中心是判别区域经济发展处于均衡状态的尺度(刘卫东,1993)。人口重心是判别区域空间公平的标准(樊杰等,2010)。使用国土空间作为空间公平的判别标准有可能夸大空间差异,使用人口分布(中心或重心)可能更准确一些(孟斌等,2005；李秀彬,1999)。

在区位分析研究领域,效率和公平这两个目标被转换成目标函数表达区位问题(ReVelle & Eiselt,2005)。效率目标被概括为两个问题即中位(median)问题和中心(center)问题(王铮等,2011；黎青松等,2005),前者要求设施配置点(如学校)距离服务对象越近越好,后者要求配置点(如核废料处理设施)距离服务对象越远越好。其中中位问题是最短旅行距离或最小旅行时间问题,是指所有设施配置点到所有(目的地)用户点的距离之和最小,在区位分析、设施区位选择中被简称为多个配置点的 p-中位问题("空间网络分析"部分介绍了一个配置点的 1-中位问题)。Kuehn 和 Hamburger(1963)以及 Erlenkotter(1978)提出了解决平面空间 p-中位问题的不同方法,Hakimi(1964,1965),ReVelle 和 Swain(1970)建立了计算空间网络 p-中位的不同算法(Eiset & Marianov, 2011;ReVelle & Eiselt,2005)。Reese(2006)对解决 p-中位问题的算法进行了全面深入的综述。

这里,分析中心问题需要直接使用所有设施配置点和用户点的坐标,要求所涉及的平方化的距离最小,在区位分析、设施区位选择中被简称为多个配置点的 p-中心问题("空间网络分析"部分介绍了一个配置点的 1-中心问题)。Elzingan 和 Hearn 为解决平面空间 p-中心问题做出了重要贡献,Hakimi(1964),Minieka(1970)和 Goldman(1972)建立了计算空间网络 p-中心的不同算法(Eiset & Marianov,2011;ReVelle & Eiselt,2005)。

同样,公平目标也是区位分析、设施区位选择所关注的问题。公平目标的优化问题得到了广泛的探讨,Marsh 和 Schilling(1994)进行了系统深入的综述分析。公平目标的优化主要在于实现一些距离指标和差异指标的最小化(Drezner & Drezner,2007)。同时,如何兼顾公平和效率两个目标也得到了持续而深入的关注(Ogryczak,2009;Morrill & Symons,1977;McAllister,1976)。

(八)国土格局识别

国土是在地球球面空间上的分布,具有特殊而复杂的几何特征。国土尺度和形态往往对一个国家的经济发展的速度、路径和过程产生十分重要的影响。诺贝尔经济学奖得主 Kuznets 和 Lewis 认为像中国、美国等地理大国的经济增长具有非常特殊的地理尺度效应(何正斌,2010)。国土格局识别是指对国土地形和几何轮廓的空间特征的定量分析,旨在确定地形对经济、人口分布的控制和排斥作用,为确定各种经济社会分布的空间聚集性、随机性和均衡性提供参照标准。特别是 Bachi(1962)和 Neft(1966)把国土格局识别和空间经济分析结合在一起,为空间经济分析更好地揭示经济的空间行为和规律提供了非常经典的范本。

学术界早就认识到国土的空间几何特征,使用统计方法来确定这些特征。这些方法包括反映地形和国土轮廓整体特征的全局空间统计指标重心、标准距离以及一些反映地形和国土轮廓差异性特征的统计指标如起伏度。Bachi(1962)计算了美国、法国、意大利、以色列、瑞典等五个国家的标准距离即地理范围。Neft(1966)确定了中国、英国、澳大利亚、日本、巴西、印度等六个国家国土几何轮廓的地理重心。美国统计局(U.S. Census, 2001)很早就确定了美国大陆国土的地理重心。刘新华等(2001)和涂汉明、刘振东(1991)先后分析了中国地形的起伏度。

(九)空间直观模型

空间直观模型(spatially explicit model)是使用一定的规则将来源于不规则行政区域的宏观经济变量(如就业)转换成空间排列规则(如栅格)的分布变量的过程,以便揭示有

关变量的空间精细结构及其形成演化机制。它最初起源于生态学研究领域（Irwin &
Geoghegan,2001；Dunning 等,1995）。世界著名经济学家、耶鲁大学教授 Nordhaus 于
20 世纪 90 年度将空间直观分析引入经济学研究领域。他花费了 10 年时间推动 G -
Econ 项目,将全球各个国家的 GDP 和人口数据（1990 年）转换成在地球球面空间上近
2.6 万个栅格数据,定义了与 GDP 相对应的总栅格产出 GCP(gross cell product)概念。
这个栅格化的全球经济数据为揭示在各种地理尺度下地理与经济的关系奠定了基础。

(十)空间足迹分析

卫星遥感技术捕获了人类经济活动在地球表面或陆地上留下的显著的足迹,如夜光、
土地利用变化。空间足迹分析旨在利用这些间接反映经济活动特征的数据确定各种经济
活动的空间结构、规模和影响,是一个相对独立的应用研究领域。Burchfield 等(2006)在
经济学季刊发表了有关美国城市蔓延的文章,开启了经济学领域空间足迹分析研究方向。

四、国土空间经济分析最新进展

(一)全局空间统计

目前,全局空间统计的影响日益加强,已广泛应用于社会学(Wong & Shaw,2011)、
犯罪学(LeBeau & Leitner,2011)、交通(Vanhulsel 等,2011)、政治学(O'Loughlin &
Witmer,2011)、地质学(Maumuse 等,2009)、气象学(Joyner & Rohli,2010)、生态学(Yue
等,2005)、地理信息科学(Zhao 等,2011)和经济学等研究领域。全局空间统计方法已成
为地理信息系统旗舰软件 ArcGIS 和许多统计软件如 MATLAB 的常规空间统计工具。

最近几年,全局空间统计发展主要集中在国土空间、球面空间、时空过程和统计推断
等四个方向。劳昕等(2010)使用平均中心、标准距离圆和标准离差椭圆方法确定 2004—
2008 年中国全国就业格局呈现向东南方向移动、空间收缩的演化趋势。沈体雁等(2010)
使用标准离差椭圆方法估计了 2005 年中国市域人口分布的重心、方位和分布范围。葛美
玲等(2009)确定了 2000 年中国县域人口分布的重心。顾朝林等(2002)分析了 1985—
1994 年中国城市体系空间分布重心及其变化。针对球面空间分布,全局空间统计需要考
虑球面曲率对确定各种与球面距离、面积和方向有关的空间分布整体性指标的影响。
Aboufadel & Austin(2006)提出了计算球面分布重心的方法,修正了美国统计局关于
1790—2000 年间美国大陆人口中心的误差。Zhao(2008)建立了计算球面分布径向距离、
密集性的方法,分析了 1969—2000 年间美国经济的空间扩张和密集化过程。赵作权等
(2009a,2011)提出了计算球面分布轴线(即方位)方法,确定了中国创新在球面空间上的
重心、范围、密集性、方位特征和 1996 - 2006 年间中国经济的空间演化过程。Grether 和
Mathys(2010)估计了 1975 - 2004 年全球经济、人口和大陆的地理重心,发现世界经济重
心位居北美和欧洲两个大陆之间,呈现朝亚洲大陆方向快速迁移的规律。Zhao(2008)依
据空间中心性、展布性和密集性指标将经济活动的时空过程分为 17 个不同的分过程。方
向性指标使时空过程的分解更加多样化(赵作权等,2009a,2011)。全局空间统计在统计

推断方面也取得了一定的进展。赵作权等(2009b)提出了基于空间格局的空间随机抽样方法,估计了中国国土地形曲面和几何轮廓的空间格局参数,揭示了这两个分布的重心、方位、地理范围的显著差别。

(二)空间网络分析

有关国家层面的空间网络分析引起学术界的一定关注。Gastner 和 Newman(2006a,2006b)分别探讨了美国 200 个城市网络节点条件下的空间中位和美国高速公路网络的展布性特征。Wang 等(2009)探讨了 20 世纪中国铁路网络的空间邻近性及其变化。

(三)空间聚集分析

在众多聚集度量方法中,K 函数是基于距离、被普遍应用的全局(global)集群分析方法,它不像 Gini 系数和 Ellison-Glaeser 指数那样没有考虑空间区位、距离和尺度对度量空间集中的影响。该方法由统计学家 Ripley 于 1976 年提出,并由 Arbia 和 Espa 在 1996 年首先引人到经济学研究(Marcon & Puech,2010)。K 函数是一种基于完全空间随机和累积分布的度量绝对集中的统计方法。Duranton 和 Overman(2005)将 K 函数转换成以有限空间随机和概率分布的度量相对集中的统计方法——Kd 函数,并使用该方法分析了英国若干产业的空间集中水平。Ellison 等(2010)利用 Kd 函数剖析了美国各种制造业产业共同聚集(coagglomeration)的格局及其形成机制。Marcon & Puech(2010)将 K 函数转换成基于空间有限随机和累积分布的度量相对集中的统计方法 M 函数。目前,空间网络已成为国际空间聚集分析领域的研究热点(Shiode & Shiode,2009;Okabe & Satoh,2006)。Okabe & Yamada(2001)首先将 K 函数引人到空间网络分析。Okabe 等(2006)建立了适用于空间网络的交叉 K 函数。

最邻近距离方法是 K 函数之外另一个被普遍应用的聚集度量方法。该方法基于一个点分布中每个点到其最邻近点的距离,利用现实分布和随机分布的平均最邻近距离之比来评价现实分布偏离空间完全随机的程度。最邻近距离方法由生态学家 Clark 和 Evans(1954)建立,Dixon(2002)对该方法进行了系统性综述。Okabe 等(2001)将最邻近距离方法拓展到网络空间。Ioannides 和 Overman(2004)使用该方法分析了 1900—1990 年美国城市体系的空间演化特征,发现美国城市间的平均最邻近距离在下降,城市(区位)空间分布基本上是随机的。

(四)空间聚类分析

一般空间聚类分析常常处理的是空间均匀的点分布和线分布(Han 等 2009)。但是,空间聚类分析常常面临许多空间不均匀的分布,如城市聚集区。它要像一般空间聚类分析那样考虑变量的区位差异(或空间距离),还要像一般聚类分析那样考虑变量的属性差异。由于这两种差异性质不同,目前空间聚类分析还很难将二者整合在一个合理、统一的分析框架中。只有 Murray 和 Shyy(2000)提出了基于双重标准的中位聚类算法,通过加权方法同时考虑了变量的区位差异和属性差异。

区域化聚类取得了一定的进展。Mu 和 Wang(2008)改进了基于规模-空间理论的聚类方法,同时考虑了不同区域的属性均匀性和空间相邻性。Guo(2008)建立了六种基于空间联系和约束差异的凝聚型聚类方法 REDCAP,以 2004 年美国总统选举数据为例比较了这些方法的聚类表现。Guo 和 Wang(2011)将局域经验贝叶斯平滑器引入局域化聚类,提高了 REDCAP 的聚类表现。Duque 等(2011)提出了三种基于混合整数规划的聚类算法,确保被聚类区的空间相邻性。

有关空间网络的聚类分析正在成为国际新兴的研究领域。空间网络聚类起始于 2004 年。Yiu 和 Mamoulis(2004)将广泛用于平面空间,基于分割、层次和密度的聚类方法拓展到网络空间。Expert 等(2011)提出了基于分割和模块函数的空间网络聚类方法,对比利时移动电话网络进行了空间聚类分区。Sugihara 等(2011)建立了基于层次的空间网络聚类方法,使用了除最短路径距离以外的多种网络距离,如平均距离、半径距离。Stefanakis(2007)将基于密度的聚类方法 DBSCAN 拓展到网络空间。

尽管空间聚类的方法不计其数,但有关城市体系的空间聚类案例非常有限。Frey 和 Dueck(2007)提出了近邻传播(affinity propagation)聚类方法,使用航空旅行数据将美国和加拿大的城市体系分为七个类型区。Brusco 和 Koln(2008)通过比较分析认为 Teitz 和 Bart(1968)建立的基于网络节点替代的 p−中位启发式算法优于近邻传播方法。Rozenfeld 等(2008)提出了基于栅格、密度以及邻近性的离散型城市聚类方法,利用多种地理尺度对美国、英国和非洲以居民点为基础的城市体系进行了详细的聚类分析。Rozenfeld 等(2011)提出了基于栅格、密度以及距离的连续型城市聚类方法,对美国和英国以居民点为基础的城市体系进行了系统的聚类分析,鉴别了这种基于自然聚类的城市化格局和基于行政单元(如县)的城市化格局的差异(Rozenfeld 等,2011)。Stefanakis(2007)使用基于网络空间和密度的聚类方法对希腊某地区的城市网络体系进行了分析评价。

(五)市场邻近性分析

市场邻近性直接影响着经济和产业的空间结构、公司的区位选择和个人的迁移倾向。Redding(2011)和 Combes(2011)对这一新经济地理领域的实证研究进行了全面系统的综述。一方面,市场邻近性对个人工资水平具有重要的影响,这不仅体现在美国的城市层面(Fallah 等,2010)、欧洲的区域层面(Breinlich,2006;Head & Mayer,2006),也体现在中国的城市层面(范剑勇等,2009;刘修岩等,2007a;Hering & Poncet,1999)和省区层面(Sousa & Poncet,2011;Hering & Poncet,2009)以及印度尼西亚的公司层面(Amiti & Cameron,2007)。另一方面,市场邻近性制约着经济活动的空间格局,如美国就业的县域聚集(Hanson 2005),欧洲工人的区域迁移倾向(Crozet,2004),日本经济的区域格局(Davis & Weinstein,1999),中国工业聚集、经济发展和增长的市域差异(范剑勇等,2010;刘修岩等,2007b;石敏俊等,2009,2007),外国公司在中国的省域区位选择(Amiti & Javorcik,2008)和日本公司在欧洲的区域区位选择(Head & Mayer,2004)。同时,市场邻近性的影响不仅是区域空间性的,也是时间性的。在第二次世界大战后,德国被分成东西两个部分,西德失去了与东德的市场联系,致使西德西部城市的增长快于西德东部的城市

(Redding & Strum,2008)。

市场邻近性分析涉及一个国家的国内市场和国际市场,需要计算一个国家国内市场的各个地区(城市或公司)之间的距离以及到国际市场的地理距离。Head & Mayer (2004)详细介绍了有关距离的计算分析。国际市场邻近性分析常常需要计算国家之间的球面大圆距离(Hering & Poncet,2010)。石敏俊等(2009,2007)确定了中国省区和市域尺度市场潜力的空间分布特征,刻画了中国市场潜能以沿海地区为中心、内陆地区为外围的中心-外围格局。范剑勇等(2010)分析了中国市场潜能分布具有从高到低四个层次:东部沿海地区与南部沿海地区为第一层次,京津地区与北部沿海地区为第二层次,中部地区为第三层次,东北地区、西北地区与西南地区属于第四层次。他们的研究表明,中国市场潜能主要来源于国内市场内部,国外市场的贡献相对较弱。

(六)空间差异识别

除了国土空间以外,人口也可以作为空间差异识别的标准。樊杰等(2010)认为人口和经济两个重心的空间耦合趋势与区域发展差距密切相关。经济重心和人口重心的空间耦合过程在市场机制条件下符合倒U形库兹涅茨曲线,即两个重心经历先分离、后靠近的过程。两个重心相距越大,区域差距越大,二者靠近是区域差距缩小的过程。他们分析中华人民共和国成立以来经济重心和人口重心的变化规律,认为非市场机制常常导致两个重心的空间耦合和区域差距呈现十分复杂的过程。孟斌等(2005)认为"在中国,人口、GDP等社会经济指标的空间分布中心与国土几何中心存在明显偏离,但考虑到中国西部相对严酷的自然环境和大量不适宜人类利用的土地面积,这种偏离是某种程度的必然性。人口和GDP中心的年际变化是衡量中国区域经济发展格局的有益指标,它们之间的不一致,是研究区域发展平衡的有意义的着眼点之一"。

(七)最优格局设计

最优区位设置依然是学术界关心的问题。Chen & Chen(2009)提出了p-中心问题最优解的松弛算法,利用实验数据证明了该算法的有效性和优越性。Church(2008)提出了p-中位问题的精确解和近似解的算法BEAMR,该算法特别适用于处理大数量实施的最优配置问题。有关p-中位或p-中心问题的应用案例并不多。Um等(2009)探讨了设施最优配置中人口密度和设施密度的关系,发现美国和韩国的公共设施具有比商业设施更加均匀的空间布局。Gastner和Newman(2006)探讨了美国200个城市网络节点条件下的p-中位问题。

(八)国土格局识别与影响

学术界早就认识到国土的空间几何特征,使用统计方法来确定这些特征。封志明等(2007)分析了中国地形的起伏度。李军等(2006)确定了中国地形的粗糙度。赵作权等(2010)使用空间抽样方法估计了中国地形和几何轮廓在地球球面空间上的重心、径向距离、方位和空间密集性,发现二者的重心相距799.2千米,径向距离相差360.7千米,空间方位基本一致,揭示了中国国土空间格局的复杂性。

国土特征对一个国家经济的发展、空间格局和演化具有十分重要的影响。比较起伏的国土地形一方面限制一个国家的贸易和经济发展，影响经济收入的提高，另一方面却保护它免受破坏性历史事件（如黑人奴隶贸易）的冲击。Nunn & Puga(2009)发现国土地形正面和负面的双重作用在世界各国是普遍存在的，但对非洲来说间接的正面影响高于直接的负面影响。Ramcharan(2009)评估了国土地形起伏度对世界各国形成经济核心格局的制约作用，发现地形起伏度大的国家往往不具有发达的公路和铁路交通网络，致使经济活动呈现高度集中状态。Saiz(2010)发现陡峭的地形有效地限制了美国城市居住区的发展，绝大多数住房供应呈现非弹性的地区恰恰是土地受地形等地理因素严重制约的地区。Burchfield 等(2006)评价了地形起伏度等地理因素对 1976-1990 年美国城市空间扩张的约束作用。

(九)空间直观模型

空间直观模型(spatially explicit model)有助于揭示地理变量与经济变量以及各种经济变量之间存在的非常复杂的空间联系。Nordhaus(2008)介绍了用于空间直观模型的空间尺度变换的方法。Nordhaus(2006)利用 G-Econ 数据探讨了气温与经济产出的关系依据地理要素对非洲贫穷的影响以及全球变暖对世界经济的作用。Nordhaus(2008)利用 G-Econ 数据探讨了地理要素对非洲经济的影响。Nordhaus 和 Chen(2009)制作了反映全球经济格局的产出地球，显示了地理对经济的重要影响。

(十)空间足迹分析

Burchfield 等使用土地遥感数据分析了美国在 1976-1990 年间城市空间扩张的机制。Overman 等(2008)利用土地遥感数据评价了美国人口、住户、土地等要素的增长对全国大陆居住地扩张的不同程度的影响。Saiz(2010)使用土地遥感数据确定了地理要素，包括地形和地表水体对美国都市区住房供应的制约作用。Henderson 等(2009)使用全球夜光数据估计各个国家特别是统计数据欠缺的国家在区域和城市层面经济收入的增长，揭示了非洲撒哈拉国家海岸带、内陆、城市区等不同地区收入增长的显著差异。Nordhaus 及其合作者表明使用全球夜光数据可以比较准确地揭示数据质量较低的国家的社会经济状况及其变化(Chen & Nordhaus,2011)。

五、国土空间经济分析的未来展望

空间经济分析正在改变经济学对国土空间的理解，在经济学和空间分析之间架起一座有效合作和深度融合的桥梁，影响着经济学的空间模型化进程。研究认为，未来有五大发展方向具有很大的发展潜力和应用前景。

(一)全局空间统计的广泛应用

全局空间统计能够比较全面地揭示经济活动的空间复杂性，适用于分析各种空间分布数据。全局空间统计已经拓展到球面空间，可以应用到美国经济学家 Nordhaus 开启的全球经济空间分析。它可以应用到有关空间聚类、空间聚集等领域、还可以用于确定经济发展的空间差异、最优布局,分析市场的邻近性和经济活动的空间足迹。

(二)球面空间分析的兴起

随着经济全球化、区域一体化和气候变化等特大地理尺度问题引起越来越多的关注,球面空间分析正在兴起。美国经济学家 Nordhaus 使用 10 年时间推动全球经济空间分析,证明地理要素和经济发展存在非常复杂的空间关联性和差异性。美国地理学家 Tobler(2002)倡议推动球面空间分析领域的全面发展。特别是欧洲、美国等发达国家普遍关注国土尺度的空间发展规划,球面空间分析考虑了地球曲率效应,能够更加准确地分析经济、社会和环境在国土尺度的空间依赖和相互影响,为国土规划、区域发展、产业布局等提供技术方面的支撑。

(三)空间聚类分析在空间经济发展中的应用

快速便捷的交通体系和通信网络正在拓宽经济的活动空间,改变国家层面经济的空间组织方式。2005 年出台的美国空间规划(RPA,2006)认为正在崛起的十大巨型区将在未来几十年里左右美国经济的全局竞争力。欧洲国土规划强调以伦敦-巴黎-米兰-慕尼黑-汉堡为顶点的"欧洲五边形"是提升欧洲经济全球竞争力的关键所在(MSPTD,2011)。中国发展战略和规划均突出城市群对国家全球竞争力提升和区域协调发展的重要作用。空间聚类分析能够有助于划分不同空间密集性、不同地理尺度的多中心、网络化的城市聚集区,为界定不同的城市网络聚集区提供比较科学的定量标准。

(四)最优格局设计在空间发展政策中的应用

一个国家的发展关键在于兼顾效率、公平和安全等目标。最优格局设计不仅能够确定达到效率目标的最优空间布局,还能够同时考虑公平目标的实现途径。最优格局设计的未来发展需要考虑把设施配置提升为要素配置,需要兼顾效率、公平乃至安全等发展目标。

(五)大国尺度效应比较

辽阔的国土空间给一个国家的经济发展和转型带来了巨大的挑战。诺贝尔经济学奖得主 Kuznets 和 Lewis 早就认识到经济发展的大国尺度效应(何正斌,2010),认为像中国、美国等地域大国可能有特殊、非常不同的经济发展路径。当前,中国、印度、巴西正在处于快速发展和转型的进程中。中国的发展既需要密切与这些大国的经济合作,也需要学习、吸收这些国家发展的经验和教训。这些国家在竞争力提升、国土一体化、区域发展政策、人口迁移和公共设施布局等方面进行了大量的探索。空间经济分析有助于分析大国经济发展的空间模式(包括核心区形成)及其与生产率的关系,促进中国走有自身特色的空间发展道路。

参考文献

［1］Aboufagel, E. , D. Austin. A New Method for Computing the Mean Center of Population of the United States[J]. The Professional Geographer, 2006, 58：65 - 69.

［2］Amiti, M. , L. Cameron. Economic Geography and Wages [J]. Review of Economics and Statistics, 2007, 89(1)：15 - 29.

［3］Amiti, Mary, Beata Smarzynska Maverick. Trade Costs and Location of Foreign Firms in China [J]. Journal of Development Economics, 2008, 85：129 - 149.

［4］Bachi, R. Standard Distance Measures and Related Methods for Spatial Analysis[J]. Papers - Regional Science Association, 1962, 10：83 - 133.

［5］Bachi, R. New Methods of Geostatistical Analysis and Graphical Presentation. New York：Kluwer, 1999.

［6］Breinlich, Holger. The Spatial Income Structure in the European Union—What Role for Economic Geography? [J]. Journal of Economic Geography, 2006, 6：593 - 617.

［7］Burchfield, M. , H. G. Overman, et al. Causes of Sprawl：A Portrait from Space[J]. Quarterly Journal of Economics, 2006,121：587 - 633.

［8］Burt, J. E. , G. M. Barber. Elementary Statistics for Geographers (2nd Ed.). New York and London：Guilford, 1996, pp. 76 - 112.

［9］Chen, D. , R. Chen. New Relaxation - Based Algorithms for the Optimal Solution of the Continuous and Discrete p - Center Problems. Computers and Operations Research, 2009, 36：1646 - 1655.

［10］Chen, Xi, William D. Nordhaus. The Value of Luminosity Data as a Proxy for Economic Statistics. Proceedings of the National Academy of Science, 2011, 108(21)：8589 - 8594.

［11］Church, Richard L. BEAMR：An Exact and Approximate Model for the p - Median Problem[J]. Computers & Operations Research, 2008, 35：417 - 426.

［12］Church, Richard L. , James R. Marston. Measuring Accessibility for People with a Disability[J]. Geographical Analysis, 2003,35(1)：83 - 96.

［13］Clark, P. J. , F. C. Evans. Distance to Nearest Neighbor as a Measure of Spatial Relationships in Populations[J]. Ecology, 1954, 35, 445 - 453.

［14］Combes, Pierre - Philippe. The Empirics of Economic Geography：How to Draw Policy Implications[J] Review of World Economics, 2011, 147(3)：567 - 592.

［15］Crozet, M. Do Migrants Follow in Market Potential? An Estimation of a New Economic Geography Model[J]. Journal of Economic Geography, 2004, 4(4)：439 - 458.

［16］Davis, D. , D. Weinstein. . Economic Geography and Regional Production Structure：An Empirical Investigation[J]. European Economic Review, 1999, 43：379 - 407.

［17］Dixon, P. M. Nearest Neighbor Methods. In Encyclopedia of Environmetrics, Vol. 3, (Abdel H. El - Shaarawi and Walter W. Piegorsch eds.). Chichester：John Wiley & Sons, 2002：1370 - 1383.

［18］Drezner, Tammy, Zvi Drezner. Equity Models in Planar Location[J]. Computational Management Science, 2007, 4：1 - 16.

[19] Dunning, John B. , David J. Stewart, et al. Spatially Explicit Population Models: Current Forms and Future Uses[J]. Ecological Applications, 1995, 5:3 - 11.

[20] Duque, Juan Carlos, Raúl Ramos, et al. Supervised Regionalization Methods: A Survey[J]. International Regional Science Review, 2007, 30(3): 195 - 220.

[21] Duque, Juan C. , Richard L, et al. The p - Regions Problem[J]. Geographical Analysis, 2011, 43 (1):104 - 126.

[22] Duranton, G. , H. G. Overman. Testing for Localisation Using Micro - Geographic Data[J]. Review of Economic Studies, 2005, 72: 1077 - 1106.

[23] Eiselt, H. A. , Vladimir Marianov. Pioneering Developments in Location Analysis. In: Foundations of Location Analysis (H. A. Eiselt, Vladimir Marianov eds.), 2011, Springer, 3 - 22.

[24] Ellison, Glenn David, Edward L, et al. What Causes Industry Agglomeration? Evidence from Coagglomeration Patterns[J]. American Economic Review, 2010, 100: 1195 - 1213.

[25] Fallah, Belal N. , Mark D, et al. New Economic Geography and US Metropolitan Wage Inequality [J]. Journal of Economic Geography (Advance Access), 2010.

[26] Frey, Brendan J. , Delbert Dueck. Clustering by Passing Messages Between Data Points[J]. Science, 2007, 315(5814): 972 - 976.

[27] Fujita, Masahisa. Location and Space - Economy at Half a Century: Revisiting Professor Isard's Dream on the General Theory[J]. Annals of Regional Science, 1999, 33:371 - 381.

[28] Fujita, Masahisa. The Evolution of Spatial Economics: From Thünen to the New Economic Geography[J]. Japanese Economic Review, 2010, 61(1):1 - 32.

[29] Fujita, M. , P. Krugman, A. Venables. The Spatial Economy: Cities, Regions and International Trade [M]. Cambridge, MA: MIT Press, 1999.

[30] Gastner, Michael T. , M. E. J. Newman. Optimal Design of Spatial Distribution Networks[J]. Physical Review E, 2006, 74(1): 1 - 6.

[31] Grether, Jean - Marie, Nicole Mathys. Is the World's Economic Center of Gravity Already in Asia [J] . Area, 2010, 42(1):47 - 50.

[32] Guo, D. Regionalization with Dynamically Constrained Agglomerative Clustering and Partitioning (REDCAP)[J]. International Journal of Geographical Information Science, 2008, 22(7): 801 - 823.

[33] Guo, Diansheng, Jeremy Mennis. Spatial Data Mining and Geographic Knowledge Discovery: An Introduction[J]. Computers, Environment and Urban Systems, 2009, 33(6): 403 - 408.

[34] Guo, Diansheng, Hu Wang. Automatic Region Building for Spatial Analysis[J]. Transactions in GIS, 2011,15(s1):21 - 45.

[35] Hammod, R. , P. McCullagh. Quantitative Techniques in Geography: An Introduction [M]. Oxford: Clarendon. 1978.

[36] Han, Jiawei, Jae - Gil Lee, et al. An Overview of Clustering Methods in Geographic Data Analysis. In: Geographic Data Mining and Knowledge Discovery (Harvey J. Miller, Jiawei Han eds.), 2009, Boca Raton, FL: Taylor & Francis, 149 - 187.

[37] Hanson, G. H. Market Potential, Increasing Returns, and Geographic Concentration[J]. Journal of International Economics, 2005, 67(1): 1 - 24.

[38] Harris, Chauncy D. The Market as a Factor in the Localization of Industry in the United States[J]. Annals of the Association of American Geographers, 1954, 64: 315 - 348.

[39] Head, K., T. Mayer. Market Potential and the Location of Japanese Investment in the European Union[J]. Review of Economics and Statistics, 2004, 86(4): 959 – 972.

[40] Head, K., T. Mayer. Regional Wage and Employment Responses to Market Potential in the EU [J]. Regional Science and Urban Economics, 2006, 36(5): 573 – 595.

[41] Henderson, J. Vernon, Adam Storeygard, David N. Weil. Measuring Economic Growth from Outer Space. NBER Working Paper No. 15199, 2009.

[42] Henderson, J. Vernon, Jacques – Francois Thisse. Handbook of Regional and Urban Economics (Vol. 4, Cities and Geography). Amsterdam: Elsevier, 2004.

[43] Hering, L., S. Poncet. Market Access and Individual Wages: Evidence from China[J]. Review of Economics and Statistics, 2010, 92(1): 145 – 159.

[44] Hering, L., S. Poncet. The Impact of Economic Geography on Wages: Disentangling the Channels of Influence[J]. China Economic Review, 2009, 20: 1 – 14.

[45] Ioannides, Y. M., H. G. Overman. Spatial Evolution of the US Urban System[J]. Journal of Economic Geography, 2004, 4: 131 – 156.

[46] Irwin, Elena G., Jacqueline Geoghegan. Theory, Data, Methods: Developing Spatially Explicit Economic Models of Land Use Change[J]. Agriculture, Ecosystems and Environment, 2001, 85: 7 – 23.

[47] Joyner, Timothy A., Robert V. Rohli. Kernel Density Estimation of Tropical Cyclone Frequencies in the North Atlantic Basin[J]. International Journal of Geosciences, 2010, 1: 121 – 129.

[48] Kellerman, A. Centrographic Measures in Geography. CATMOG (Concepts and Techniques in Modern Geography), 1981.

[49] Krugman, P. Increasing Returns and Economic Geography[J]. Journal of Political Economy, 1991, 99(3): 483 – 499.

[50] Krugman, P. A Dynamic Spatial Model. NBER Working Paper No. 4219, 1992.

[51] Krugman, P. First Nature, Second Nature, and Metropolitan Location[J]. Journal of Regional Science, 1993, 33(2): 129 – 144.

[52] Krugman, P., A. J. Venables. Globalization and the Inequality of Nations[J]. Quarterly Journal of Economics, 1995, 4: 857 – 880.

[53] Kulldorff, M. Tests of Spatial Randomness Adjusted for an Inhomogeneity: A General Framework [J]. Journal of the American Statistical Association, 2006, 101(475): 1289 – 1305.

[54] Kuznets, Simon. Economic Growth and Income Inequality[J]. American Economic Review, 1955, 45(1): 1 – 28.

[55] Kwan, M. P., Alan T. Murray, Morton E. O'Kelly, Michael Tiefelsdorf. Recent Advances in Accessibility Research: Representation, Methodology, and Applications[J]. Journal Geographical Systems, 2003, 5: 129 – 138.

[56] LeBeau, James L., Michael Leitner. Introduction: Progress in Research on the Geography of Crime [J]. The Professional Geographer, 2011, 63(2): 161 – 173.

[57] Mamuse, Antony, Alok Porwal, et al. A New Method for Spatial Centrographic Analysis of Mineral Deposit Clusters[J]. Ore Geology Reviews, 2009, 36: 293 – 305.

[58] Marcon, Eric, Florence Puech. Measures of the Geographic Concentration of Industries: Improving Distance – Based Methods[J]. Journal of Economic Geography, 2010, (10): 745 – 762.

[59] Marsh, M. T., D. A. Schilling. Equity Measurement in Facility Location Analysis: A Review and

Framework[J]. European Journal of Operational Research, 1994, 74:1 – 17.

[60] Martin, P. Public Policies, Regional Inequalities and Growth[J]. Journal of Public Policies, 1999, 73: 85 – 105.

[61] McAllister, Donald M. Equity and Efficiency in Public Facility Location [J]. Geographical Analysis, 1976, 8:43 – 57.

[62] Morrill, Richard L. , John Symons. Efficiency and Equity Aspects of Optimum Location[J]. Geographical Analysis, 1977, 9:215 – 225.

[63] Mu, Lan, Fahui Wang. A Scale – Space Clustering Method: Mitigating the Effect of Scale in the Analysis of Zone – Based Data[J]. Annals of the Association of American Geographers, 2008, 98 (1): 85 – 101.

[64] Murray, Alan T. Spatial Analysis Using Clustering Methods: Evaluating the Use of Central Point and Median Approaches[J]. Journal of Geographical Systems, 1999, 1: 367 – 383.

[65] Murray, Alan T. , Vladimir Estivill – Castro. Cluster Discovery Techniques for Exploratory Spatial Data Analysis[J]. International Journal of Geographical Information Science, 1998, 12, 431 – 443.

[66] Murray, Alan T. , Tung – Kai Shyy. Integrating Attribute and Space Characteristics in Choropleth Display and Spatial Data Mining[J]. International Journal of Geographical Information Science, 2000, 14 (7): 649 – 667.

[67] Neft, D. S. Statistical Analysis for Areal Distributions [M]. Philadelphia: Regional Science Research Institute, 1966.

[68] Nordhaus, W. D. Geography and Macroeconomics: New Data and New Findings[J]. Proceedings of the National Academy of Science, 2006, 103:3510 – 3517.

[69] Nordhaus, William D. New Metrics for Environmental Economics: Gridded Economic Data[J]. The Integrated Assessment Journal, 2008, 8(1): 73 – 84.

[70] Nordhaus, William D. , Xi Chen. Geography: Graphics and Economics[J]. The B. E. Journal of Economic Analysis & Policy, 2009, 9(2), Article 1.

[71] Nunn, Nathan, Diego Puga. Ruggedness: The Blessing of Bad Geography in Africa. NBER Working Paper No. 14918, 2009.

[72] O'Loughlin, John, Frank D. W. Witmer. The Localized Geographies of Violence in the North Caucasus of Russia, 1999 – 2007[J]. Annals of the Association of American Geographers, 2010, 101(1): 178 – 201.

[73] Overman, Henry G. , Diego Puga, et al. Decomposing the Growth in Residential Land in the United States. Regional Science and Urban Economics, 2008, 38: 487 – 497.

[74] Ramcharan, Rodney. Why an Economic Core: Domestic Transport Costs[J]. Journal of Economic Geography, 2009, 9:559 – 581.

[75] Redding, Stephen J. The Empirics of New Economic Geography[J]. Journal of Regional Science, 2010, 50(1): 297 – 311.

[76] Redding, Stephen J. , Daniel M. Sturm. The Costs of Remoteness: Evidence from German Division and Reunification[J]. American Economic Review, 2008, 98(5): 1766 – 1797.

[77] Reese, J. Solution Methods for the p – Median Problem: An Annotated Bibliography. Networks, 2006, 48:125 – 142.

[78] Regional Plan Association (RPA). America 2050: A Prospectus. New York, September 2006.

[79] ReVelle, C. S. , H. A. Eiselt. Location Analysis: A Synthesis and Survey[J]. European Journal

of Operational Research, 2005, 165(1): 1-19.

[80] Rozenfeld, Hernán D., Diego Rybski, et al. Laws of Population Growth[J]. Proceedings of the National Academy of Sciences (PNAS), 2008, 105(48):18702-18707.

[81] Rozenfeld, Hernán D., Diego Rybski, et al. The Area and Population of Cities: New Insights from a Different Perspective on Cities[J]. American Economic Review, 2011, 101: 2205-2225.

[82] Saiz, A. The Geographic Determinants of Housing Supply[J]. Quarterly Journal of Economics, 2010,125(3): 1253-1296.

[83] Samuelson, Paul A. Thunen at Two Hundred[J]. Journal of Economic Literature,1983, 21(4): 1468-1488.

[84] Sousa, José de, Sandra Poncet. How are Wages Set in Beijing[J] Regional Science and Urban Economics, 2011, 41: 9-19.

[85] Stewart, J. Q. Empirical Mathematical Rules Concerning the Distribution and Equilibrium of Population[J]. Geographical Review, 1947, 37(3):461-485.

[86] Tinbergen, Jan. The Use of Models: Experience and Prospects[J]. American Economic Review, 1981, 71(6):17-22.

[87] Tobler W. Global Spatial Analysis[J]. Computers, Environment and Urban Systems, 2002, 26: 493-500.

[88] Um, Jaegon, Seung-Woo Son, et al. Scaling Laws between Population and Facility Densities[J]. Proceedings of the National Academy of Sciences, 2009, 106(34):14236-14240.

[89] U. S. Census Bureau. Centers of Population Computation for 1950, 1960, 1970, 1980, 1990 and 2000. Washington, D. C., 2001.

[90] Vanhulsel, Marlies, Carolien Beckx, et al. Measuring Dissimilarity of Geographically Dispersed Space-Time Paths[J]. Transportation, 2011, 38:65-79.

[91] Warntz, W., D. Neft. Contributions to a Statistical Methodology for Areal Distributions[J]. Journal of Regional Science, 1960, 2: 47-66.

[92] Wong, David W. S., Shih-Lung Shaw. Measuring Segregation: An Activity Space Approach[J]. Journal of Geographical Systems, 2011, 13:127-145.

[93] Yue, T. X., D. M. Fan, et al. Changes of Major Terrestrial Ecosystems in China Since 1960[J]. Global and Planetary Change, 2005, 48: 287-302.

[94] Zhao, Z. Spatial Distribution and Economic Growth: The U. S. Economy 1969-2000 [M]. Germany: VDM Verlag, 2008.

[95] Zhao, Z., R. Stough, D. Song. Measuring Congruence of Spatial Objects [J]. International Journal of Geographical Information Science, 2011, 25(1): 113-130.

[96] 陈洁,陆锋,程昌秀. 可达性度量方法及应用研究进展评述[J]. 地理科学进展,2007,26(5): 100-110.

[97] 樊杰,陶岸君,吕晨. 中国经济与人口重心的耦合态势及其对区域发展的影响[J]. 地理科学进展, 2010,1: 87-95.

[98] 范剑勇,张雁.经济地理与地区间工资差异[J].经济研究 2009,8:73-84.

[99] 范剑勇,高人元,张雁.空间效率与区域协调发展战略选择[J].世界经济,2010,2: 104-119.

[100] 封志明,唐焰,杨艳昭,等.中国地形起伏度及其与人口分布的相关性[J].地理学报,2007,62(10): 1073-1082.

[101] 葛美玲,封志明.中国人口分布的密度分级与重心曲线特征分析[J].地理学报,2009,64(2):

202 - 210.

[102] 顾朝林,柴彦威,蔡建明等.中国城市地理[M].北京:商务印书馆,2002.

[103] 何正斌.经济学 300 年[M].河南科学技术出版社,2010,第 27、207 页.

[104] 黎青松,杨伟,曾传华.中心问题与中位问题的研究现状[J].系统工程,2005,23(5):12 - 16.

[105] 李军,游松财,黄敬峰.基于 GIS 的中国陆地表面粗糙度长度的空间分布[J].上海交通大学学报(农业科学版),2006,24(2):185 - 189.

[106] 李秀彬.地区发展均衡性的可视化测度[J].地理科学,1999,19:254 - 257.

[107] 刘新华,杨勤科,汤国安.中国地形起伏度的提取及在水土流失定量评价中的应用[J].水土保持通报,2001,1:57 - 62.

[108] 刘修岩,贺小海,殷醒民.市场潜能与地区工资差距:基于中国地级面板数据的实证研究[J].管理世界,2007a 9:48 - 55.

[109] 刘修岩,殷醒民,贺小梅.市场潜能与制造业空间集聚:基于中国地级城市面板数据的经验研究[J].世界经济,2007b,30,11:56 - 63.

[110] 刘卫东.经济重心地域迁移与区域经济均衡发展[J],经济地理,1993,2:10 - 14.

[111] 劳昕,沈体雁,张进洁.中国经济密度的格局和演化研究[J].中国区域经济,2010,2(6):4 - 17.

[112] 孟斌,王劲峰,张文忠,等.基于空间分析方法的中国区域差异研究[J].地理科学,2005,25:393 - 400.

[113] 石敏俊,赵曌,金凤君.中国地级行政区域市场潜力评价[J].地理学报,2007,62(10):1063 - 1072.

[114] 石敏俊,赵曌,袁永娜.经济地理与区域经济增长差异[J].中国区域经济,2009,1(2):22 - 233.

[115] 宋正娜,陈雯,袁丰,等.公共设施区位理论及其相关研究述评[J].地理科学进展,2010,29(12):1499 - 1508.

[116] 涂汉明,刘振东.中国地形起伏度研究[J].测绘学报,1991,20(4):311 - 319.

[117] 王铮,吴静,等.计算地理学[M].科学出版社,2011.

[118] 赵作权.地理空间分布整体统计研究进展[J].地理科学进展,2009,1:1 - 8.

[119] 赵作权,宋敦江.中国城市创新的空间聚集与演化[J].中国区域经济,2009a,1:44 - 52.

[120] 赵作权,宋敦江.中国国土全局空间统计[J].科技导报,2009b,24:56 - 60.

[121] 赵作权,宋敦江.中国经济空间演化趋势与驱动机制[J].开发研究,2011,1:1 - 5.

撰稿人:赵作权

国土规划理论与方法最新进展

一、引 言

国土规划是实现国土要素（包括国土资源要素、国土环境要素、国土空间要素等）合理配置和科学利用的不可或缺的重要手段和基础。国土规划百余年的发展历史，提供了许多成功的范例和经验，为我国新时期的国土规划的研究、制定和实施提供了重要基础；同时，我国国土规划的实践和理论、方法上的发展，亦必将为国土规划的理论和方法的发展做出应有的重要贡献。

进入 21 世纪以来，我国高度重视国土规划工作，通过地区试点、专题研究等，不断丰富和完善国土规划的理念、思路、方法和手段，特别是近期开展的全国国土规划纲要的研究和编制工作，极大地推进了具有中国特色的国土规划理论和方法的创新和进展，同时亦显著地改变了传统的国土观念，对于优化我国国土开发、利用和保护的格局、结构、方法和手段等，提供了日益坚实的基础。

二、国土规划国内外发展及其比较分析

(一)国外国土规划的发展

自 1898 年英国人霍华德《明日的花园城市》一书问世后，"国土规划"思想的萌芽诞生。早期的国土规划理念是在城市规划或城市与乡村空间发展规划的基础上逐步发展而来，随着工业化和城市化的进一步发展，国土规划在城市规划的推动下逐步形成独自的理念。

20 世纪二三十年代，在城市规划和工矿规划的带动下，以苏联"全俄电气化计划"、英国当卡斯特煤矿区规划、美国以流域为对象的田纳西河流域规划为典型标志，一些国家逐步开展了与现今区域开发规划理念较为接近的国土规划工作。1933 年《雅典宪章》的出台，标志着城市与周围区域作为相互联结的统一区域进行规划的理念正式建立，在此基础上，工业和人口布局等核心要素也逐步纳入以城市为中心的区域规划范畴之中。1944 年完成的大伦敦区域规划，将城市规划思想和中心地理论融为一体，提出以大城市为中心，在伦敦外围建设卫星城，降低伦敦中心城区人口 60% 的规划目标，这是国外国土规划从理论到实践的重要标志，也是城市规划推动国土规划的重要例证。

第二次世界大战后，许多欧洲国家为尽快复苏经济和恢复各项建设，先后在大城市地区和重要工矿地区开展了大量以工业和城市建设为主要内容的国土规划。至 20 世纪60—80 年代，随着工业化和城市化进程更加迅猛，生态环境问题也日益突出，各国更加重视内容日益丰富的国土规划工作，区位论、中心地理论、增长极理论等国土规划原理得到

进一步发展和应用,规划的深度和广度不断加强,涉及范围已由原来的以城市为中心的区域,拓展到以大自然地理单元地区、流域地区和整个国家为目标。

进入 20 世纪 90 年代以后,以国家为规划区域的国土规划成为主流,欧洲、东南亚许多国家均开展了国土规划工作。从规划性质和内容来看,绝大多数国家的国土规划均体现出很高的综合性和战略性,具有高层次区域规划色彩。总体上,计划经济体制国家的国土规划编制,依托于一个权威很大,负责制定国民经济和社会发展计划的国家计划机构,国土规划是其中一项十分重要的内容。市场经济体制国家的国土规划,突出规划的调控和对地区经济发展的促进作用,着力于国土空间开发利用分区和布局,强调政府公共投资和金融、财政政策,通过适度干预或强烈干预实现规划目标。

1. 欧盟空间规划

欧盟的空间规划演变是伴随欧盟政治和经济区域一体化进程而发展。90 年代以来,欧盟范围东扩,以及内部区域不平衡性的加剧,阻碍了区域平衡和可持续的空间发展,成员国之间的区域差异增加。由于传统的空间发展政策无法处理跨国跨边界的规划问题,整个欧洲开始强烈需求空间规划来进行区域整合和政策制定。

欧盟的空间规划就是设定空间发展框架和原则,引导空间开发和基础设施布局,主要包括开发战略、规划项目、政策、规划时限和管制等,具有战略性、综合性和地域性的特点,主要涉及标准区域的划分、欧盟空间发展展望、欧洲空间规划研究计划等内容。

2. 德国空间规划

德国的空间规划与欧洲的大多数国家一样,是在城市规划的基础上发展起来的,德国的空间规划主要分为联邦、州,地方 3 个层级,内容比较具有原则性和纲领性。

联邦层面的空间规划主要是将整个联邦地域纳入共同的空间发展结构,为地方服务;强调建立平衡的生活环境,保护和发展自然生存基础,为经济发展创造区位条件,强化空间的多样性。德国宪法规定,联邦政府必须向各州提供空间发展方面的导向,但仅拥有确立空间规划总体框架的权限。联邦政府不直接规定每个州要做什么,而是提出空间发展的原则作为各州编制空间规划的基本依据,甚至也是联邦政府筛选政府投资项目的依据。

州层面空间规划主要包括州发展规划和区域规划,主要受各州空间规划法约束。联邦对州域规划只有协调作用无直接管辖权,州发展规划遵循联邦空间秩序规划制定的政策规定和要求。州发展规划对区域规划和地方规划起着指导和制约作用,主要是指导性的,只有少部分是从平衡地区利益角度出发的指令性内容。规划的核心内容是调查分析和预测人口、经济发展、基础设施建设和土地利用状况的基础上,确定州空间协调发展的原则与目标、居民点空间结构规划、空间结构规划、基础设施规划建设。区域规划是联邦州级规划和地方规划之间的桥梁。其主要是为了促进城镇之间的空间协调发展,对空间秩序规划目标进一步明确化和具体化,为联邦空间秩序和州域规划制定具体的区域目标,保证规划的发展与实施。在综合考虑现实情况和空间需求情况下,区域规划将空间规划布局予以表达和具体化。区域规划中的基本原则由发展轴和中心区的理念构成。

地方层面的规划包括两个部分:预备性土地利用规划和建设规划。这两个地方性规划统称为城镇建设控制规划。其工作对象既包括城市,也包括位于乡村地区的村镇,且必须要有利于农业生产结构的改善,要通过上一级田地重整部门的审核,检查是否有利于田地重整合农业结构的调整,确定土地利用类型、规模以及市政公共设施。预备性土地利用规划为土地资源的利用提供了一个基本的意见。建设规划主要是采用一系列法定的指标去规范其地区城市的有序发展,规划的内容与我国城市规划中的控制性详细规划的内容基本一致。

德国最新规划理念主要表现在"增长与创新、保障公共服务及保护资源、塑造文化景观"3方面。

3. 法国空间规划

法国空间规划分为3个层级:国家空间规划、大区空间规划、省和市(镇)地方规划。竞争力署负责制定国家空间规划政策指导方针并编制全国综合服务区,大区理事会负责制定大区空间规划方案及发展蓝图和大区指导方针,省和市(镇)规划议会负责制定国土凝聚蓝图和地方城市规划。

法国最新的国土规划理念,即法国空间规划政策。法国空间规划政策以均衡为宗旨,以观测和评估为基础,加强环境保护,实行差别化的补偿政策,顺应可持续发展理念,重视经济全球化对空间政策的影响。法国提出的空间政策与欧盟提出的2007—2013年凝聚政策一致,着眼于经济增长,就业和可持续发展,法国的空间政策在经济社会凝聚政策和欧洲凝聚战略的框架内开展工作,促进地区间的合作。

4. 美国空间规划

美国国土规划是一种空间规划,涵盖土地、森林、水、矿产以及生态环境、居住、交通、娱乐设施等。在美国,至今尚没有一部覆盖全国的国土规划。美国的国土规划,按隶属关系分为跨州规划、各州规划和各县规划等;按规划范围,分为流域综合开发规划、区域开发规划、城市规划等。

美国国土规划实际上是自下而上,县级国土规划最具体、最详细,州级规划次之,联邦级规划则只有政策性指导。美国国土规划主要包括联邦级国土规划、州级国土规划和县级国土规划3个级别。

5. 日本国土规划

第一次全国综合开发规划,其基本目的在于实现地区间的均衡发展,并提出了增长极的开发构想,实现区域间的均衡发展。通过这次规划,重化工业得到了迅速发展,但是由于重化工业的分散化布局,也导致了前所未有的公害等多种多样的问题。

第二次全国综合开发规划,在经济一直快速增长,人口和产业也呈现向大城市不断集中的趋势的背景下,规划主要是创造富裕的生活,解决大城市以及偏远地区的交通问题。通过大力推进政府公共服务的均等化,解决过密化和过疏化以及地区差距问题。

第三次全国综合开发规划,基本目标是建设和完善人居综合环境,规划基本实现了由产业优先向生活优先的转变,通过严格的环保法律,基本解决了公害问题。

第四次全国综合开发规划,基本目标是构建多极分散的国土格局,在国家指导方针的指引下,以地方为主导,探索富有个性的地方发展模式,以形成多极分散的发展格局。"四全综"期间,日本探索出一些成功的具有地方特色的发展模式,对分散国土发展格局,保持地方特色,振兴地方经济起到积极作用。

第五次全国综合开发规划,其基本目标是形成多极型国土结构,通过参与主体多样化,加强不同参与主体间的合作,构建地区协作轴和国际交流圈,注重发展循环经济和生态旅游等,可持续发展的理念得以贯彻并执行。

第六次全国综合开发规划。前5次全国综合开发规划都是以"开发"为基调,以"量"的扩大为目标的规划。现阶段,日本以实现提高国土质量为目标,改"开发"为"形成",以更好体现可持续发展的理念。目前,日本正在着手编制新的国土形成规划,并提出了"安全、安心、安定"的国土和国民生活的未来面貌。

6. 韩国国土规划

第一次国土综合开发规划(1972—1981),其主要目的是大规模工业基础设施建设以及交通、通信、水利、能源网等基础设施建设,本次国土规划造成了产业和人口过度集中的不均衡发展的格局。

第二次国土综合开发规划(1982—1985),建立了分散的多核心国土结构,重点开发地方大城市,限制汉城和釜山两大城市的扩张并外迁一些工业和大学,促进落后地区的开发。

第三次国土综合开发规划(1992—1999年),主要是为了培育地方圈抑制首都圈,建立新兴产业地带,实现产业结构合理布局,构筑综合高速交通体系,加强环境保护,构筑了韩国经济增长的基础,大幅度改善了国民生活水平,但是汉城—釜山极轴与首都圈的人口和产业过密现象还在继续加剧。

第四次国土综合开发规划(2000至今),主要是通过加强与中国、俄罗斯、日本、蒙古国的交流与合作,构筑三轴开放的国土空间格架,将韩国发展成为东北亚交流中心,提高地区竞争力,形成健康适宜的国土环境,构筑高速交通网和信息网,加强韩国和朝鲜的交流与合作,为实现南北统一的国土目标奠定了基础。

(二)我国国土规划发展历程

我国现代意义上的国土规划是在"一五"时期产生的。当时,在苏联专家思路的指导下,按照社会主义国家国土规划的理念和思路,以工业城市发展和工业振兴为首要出发点,兼顾国防需要,围绕156项重点项目,进行以联合选择厂址为目标的国土规划工作。1956年3月,国家建委作出《关于开展区域规划工作的决定》,同年5月,国务院常务会通过了《国务院关于加强新工业区和新工业城市建设工作几个问题的决定》,规定"区域规划就是在将要开辟成为新工业区和将来建设新工业城市的地区,根据当地的自然条件、经济条件和国民经济的长远发展计划,对工业、动力、交通运输、邮电设施、水利、农业、林业、居民点、建筑基地等建设和各项工程措施,进行全面规划;使一定区域内国民经济的各个组成部分之间和各个工业企业之间有良好的协作配合,居民点的布置更加合理,各项工程的建设更有秩序,以保证新工业区和新工业城市建设的顺利发展。"随后,国家建委拟定了《区域规划编制和审定暂行办法(草案)》,使国土规划归属于区域规划体系之中,核心内容侧重于工业建设、工业城市发展、大型水电站建设和矿山开采等方面,综合性区域开发规划的特征非常明显,没有形成完善的规划层级,只是根据开发建设的空间需要,有选择地进行规划编制和实施。

80年代,我国国土规划第一次全范围开展。在国家计委的统一领导下,1985年3月,国务院批转国家计委关于编制《全国国土总体规划纲要》的报告。1986年9月,国家计委完成《全国国土总体规划纲要》(待议稿),并于1990年2月形成《全国国土总体规划纲要(草案)》,增加了一些新的内容。至1984年,全国一半以上的省、自治区、直辖市先后在20多个地区开展了国土规划试点工作。1987年8月,经充分总结试点经验,国家计委完成了《全国国土总体规划纲要》编制工作,首次形成了我国最高层次的国土规划。这次国土规划被定义为:国土规划是国民经济和社会发展计划体系的重要组成部分,是国土资源综合开发、建设总体布局、环境综合整治的指导性计划,是编制中、长期计划的重要依据。按照国家计委出台的《国土规划编制办法》,在规划性质上,第一次国土规划分为国土综合规划和国土专项规划两个类别:国土综合规划是对规划地区全面进行国土开发整治的总体规划;国土专项规划是以完成某一项国土开发利用或治理保护任务为中心内容的规划。但是,由于种种原因,这次国土规划并没有完全实施[1]。

1998年,随着国土规划职能由国家计委转到国土资源部,规划实施主体及实施环境发生了根本变化。随着国家发改委、住建部、环保部等部门的主体功能区规划、区域(发展)规划、城镇体系规划、生态功能区划等重要规划的相继编制和实施,许多原先属于上世纪80、90年代国土规划内容体系中的重点环节,现已成为重要部门的专项规划而单独出台,并且都发挥着非常重要且不可替代的作用(详见表1)。其中,国家发改委的主体功能区规划和重点区域发展规划已将20世纪80、90年代国土规划的内容进行了调整和提升,基本上按照80、90年代国土规划思路,编制和实施了国家综合性重点开发项目部署和重大投资安排。

表1　我国1980年、1990年国土规划内容独立情况

1980年、1990年国土规划内容模块	现规划名称
自然条件和国土资源的综合评价	——
社会经济现状分析和远景预测	经济社会发展规划
国土开发整治的目标和任务	土地整理规划
自然资源开发的规模、布局和步骤	国土资源规划、土地利用规划、矿产资源规划、海洋经济发展规划、草地资源规划、水利发展规划、旅游发展规划、海洋功能区规划等
人口、城市化和城市布局	劳动和社会保障事业发展规划、人口发展规划、易地扶贫搬迁规划、城市规划、城镇体系规划、城市群(圈、带)规划、小城镇发展规划等
产业发展	农业发展规划、工业行业(高新技术产业、钢铁、汽车、电子信息技术、造船等等)发展规划、服务业发展规划等
交通基础设施的安排	综合交通网发展规划、铁路网规划、高速公路网规划、港口布局规划、民用机场布局规划、城际轨道交通网规划等

1980 年、1990 年国土规划内容模块	现规划名称
通信基础设施的安排	电信规划、空间信息基础设施建设与应用规划等
动力基础设施的安排	能源发展规划、煤炭工业发展规划、电力工业发展规划、核电中长期发展规划、可再生能源中长期发展规划等
水利建设	水利发展规划、农村饮水安全工程规划、江河流域规划等
防灾减灾和生态环境保护	综合减灾规划、地质灾害防治规划、山洪灾害防治规划、酸雨和二氧化硫污染防治规划、生物多样性保护规划、生态功能区划、生态保护规划、生态环境建设规划等
综合开发的重点区域	主体功能区规划、区域开发规划(环渤海、京津冀都市圈规划、长三角发展规划、珠江三角洲地区改革发展规划、北部湾经济区发展规划、海峡西岸经济规划等)

新时期国土规划必须客观看待规划编制环境的深刻变化,应以全新视角和切入点,将土地、矿产、海洋、能源、淡水等重要国土资源上升为各项经济社会活动所必需的公共平台载体,从资源开发利用和生态环境允许度及资源配置政策差别化角度,创新规划思路和理念,实现对国土空间开发利用的优化,促进经济发展方式转变,充分发挥国土资源部门调控职能,实现与相关规划的区别,实现国土规划的不可替代性。

(三)中外国土规划比较分析

中外国土规划既有一定的相似性和相近性,亦有显著的差异性。相似性或相近性具体表现在如下方面:①无论是美国、德国、法国等国的空间规划,还是日本、韩国和我国的国土规划,尽管名称上有所区别,但本质上都是空间或国土空间的合理配置和有序开发利用。②从名称和理念上看,我国的国土规划更接近于日本和韩国。③从内容上看,都注重产业的空间布局及其优化。④从理论支撑上看,都以地理学(特别是经济地理学)、经济学(特别是区域经济学)等学科为理论指导。⑤手段上看,都以空间分析、资源环境分析、经济系统分析等为主要手段。

差异性主要表现在:①我国所建立的是中国特色的社会主义市场经济体系,而美、日、德、法、韩等国实行的是典型的西方资本主义经济体系,这决定了政府、特别是中央政府在国土配置中的地位和作用有较大的差异性,中国政府在国土配置中的地位更高、作用更大,从而对国土规划的主导作用更强。②我国与上述国家相比,资源和空间的市场化配置水平还较低,这就决定了我国在运用市场手段推进国土规划制度和实施方面,还需要从上述国家汲取有益的经验。③国体及政体上的差异显著,决定了国土规划的制定和实施程序、法律地位、监督检查、奖励惩罚等方面,均有较大的差异性。

三、我国新时期国土规划编制新趋势

1998 年,国务院"三定方案"对部门职能进行了重大调整,国土规划编制实施职能由原国家计委转到国土资源部。特别是 2002 年以来,随着国家重点区域发展规划、主体功能区规划、城镇群规划、海洋功能区规划、生态功能区规划等重要规划的相继实施,对国土规划在编制理念、组织思路、任务安排和实施方式方面也提出了全新要求,概括起来有以下几个方面[2]:

(一)规划思路应与现行相关空间规划有所差别

国土规划要体现出有用性,必须在规划编制思路和理念方面与相关现行规划有所差别,主要是主体功能区规划、土地利用规划、城镇体系规划、交通等重大基础设施建设规划、生态环境保护规划等重要规划。

(二)注重提升国土资源部门职能

通过近 10 年的试点探索,实现国土规划作用的不可替代性,必须立足于国土资源部门职能,充分体现不同区域水资源、土地资源、矿产资源、地质安全等重要国土资源禀赋对国土开发活动的承载力和允许度(以此为基础),将资源配置和空间管控进行有机结合,并与城镇化、产业发展、基础设施布局统筹、人口转移、生态环境保护等重大国土开发保护问题进行融合。同时,突出土地等重要国土资源开发利用管理制度完善和先行先试的需要,这是实现国土规划全新职能的最根本出发点。

(三)能够对重点国土开发保护活动的空间部署进行统筹

国土规划的重要作用已不是对国土开发保护的重点问题进行重新部署和安排,而应根据全国和区域资源环境承载力的不同,以资源节约集约利用,提高资源对区域经济社会发展最大保障度的角度,将城镇化、产业发展、基础设施布局统筹、人口转移、生态环境保护等重大国土开发保护在一张资源禀赋图上进行统筹和协调。以此为切入点,将大规模、高强度国土开发活动的不合理规模进行调整和优化,促进不同领域在同一国土资源空间范围内的共享和效益最大化。

(四)充分体现相关重点部门规划发展需要

在对重点国土开发保护活动的空间部署进行统筹过程中,应根据规划编制区域的基本发展定位,有侧重地体现住建、工信、交通、能源、水利、生态等重要部门规划在空间实施方面的客观需求,并明确差别化落实的空间方案。

(五)同时体现规划宏观战略性和重点国土开发保护问题的落地性

为保持国土规划原有的高层次性,经过近几年规划试点工作的不断探索,对规划的基本性质进行了创新和完善。在保持原有国土规划宏观性和战略性的同时,从突出资源配置对重大国土开发保护活动空间引导和优化的角度,也强调重点问题的落地性。这里的落地不同于简单的空间落实,而是基于规划区域土地、淡水等重要国土资源可利用情况,结合区域发展战略定位,从引导区域实现可持续发展的角度,以资源节约集约利用为基本前提,经过综合平衡、统筹和协调,在同一资源本底上,将主要部门的相关重要规划内容进行空间落实。从近期国土规划所着重解决的重点问题来看,主要集中在重点城镇核心建成区、各类型工业开发区、交通水利等重大基础设施空间落实、海岸线开发与保护的类型划分、填海规模的合理引导、重点生态保护区和保育区的空间管制、水资源地保护区空间落地等重点开发保护问题的落实和协调。

(六)科学部署国土规划的重要空间管控抓手

新时期国土规划属性的确定,基本依然定位为空间规划。从现阶段空间规划的基本实施特征来看,主要分为三类:一是,只强调宏观层次的战略部署,不强调具体国土开发保护问题的具体落实,如主体功能区规划;二是,强调某种具体类型的国土开发保护问题空间落实,淡化过于宏观的战略部署,如土地利用总体规划;三是,前述两者相结合,既具备前沿性区域发展宏观战略部署,也强调相对重点国土开发保护问题的具体落地实施。从几年的试点经验来看,现阶段的国土规划应定第三种模式。其中,引导具体国土开发问题落地的主要抓手是土地用途管制。这里,规划的实施主要依托于不同用途地类的空间规模管控性,但不同于土地利用规划仅仅侧重于将"土地资源"作为唯一对象的规划目标。

(七)充分体现已部署的20余个重点区域发展战略需求和部署

在全国国土规划内容体系中,截至2011年,国家已部署的22个重点开发区域发展规划,已经对全国大规模、高强度城镇化、工业化发展进行了较为明确的部署。所以,对于国土建设空间的规模配置和部署,也已形成基本明晰的空间格局。但在不同重点开发区域之间,如何通过国土规划的资源配置和空间开发利用管控,来引导实现区域互补式发展,应是重点规划任务和规划目标。

(八)与主体功能区规划、城镇体系规划、生态功能区划等空间规划融合和协调

与上述第1条基本需求相一致,在规划思路和理念方面实现差别化的同时,各级国土规划必须与同级别的主体功能区规划、城镇体系规划、生态功能区划等重要空间规划相协调。既要对重要的空间发展战略进行落实,又要协调和统筹重点空间规划的落实关系,实现效益最大化。

四、我国国土规划编制试点及其主要进展

自从2001年8月,国土资源部印发《关于国土规划试点工作有关问题的通知》(国土资发[2001]59号)开始,天津、深圳、辽宁、广东、福建、广西等地区均已编制完成省(区、市)级和重点区域级国土规划。其中,辽宁省国土规划已批复实施,广西北部湾经济区国

土规划已由国土资源部审核,报送自治区人民政府。

总体来看,从探索和积累经验的角度出发,各地区国土规划试点工作虽各具特色,但也具有一些共同点[2]:

(一)规划主题新进展

各地区规划主题均将"可持续发展"作为规划的根本出发点和总目标,规划内容紧紧围绕省(区、市)和区域经济社会发展,以及重要国土资源开发利用与保护等相关重大问题展开,内容涉及空间区块划分、城镇化、产业发展、人口、生态环境保护等方面。

(二)规划定位新进展

从辽宁和广东两省试点情况看,规划的总体定位是非常高的,即将国土规划定位为区域发展和各专项规划的"基本依据"。而天津、深圳两市规划的定位在很大程度上,都存在城市规划的身影,即属于城市发展范畴的总体战略。广西北部湾经济区国土规划则既保持了国土规划的宏观战略性,又突出了规划对具体问题的空间落实性。

(三)规划思路新进展

各试点规划,其思路归纳为以下几种:

(1)"国民经济和社会发展规划"+"空间功能分区"="国土规划"的规划思路。广东规划即采用此种模式,将广东省国民经济和社会发展总体规划与主体功能区规划进行结合,有选择地将经济、人口与城镇化、产业调整与转移、基础设施建设与布局、生态环境保护、跨省域合作等内容落实到功能空间分区上,形成国土规划。

(2)"国土资源开发利用"+"空间布局"+"广域合作与生态保护"="国土规划"的规划思路。新一轮辽宁国土规划试点即为此种思路,即将国土资源开发利用、重大核心问题的空间布局、广域合作与生态保护等模块的内容,按照一条主线进行罗列,形成国土规划内容和规划目标。

(3)将经济建设、区域合作与开发、城乡一体均衡、构建绿色生态文明、继承创新文化、突出有力保障等方面的内容融入国土开发、建设领域之中,构成城市级国土规划的主体思路和主线。天津试点规划即采用此种模式。此外,深圳规划试点虽未形成文本,但也是通过设置城市国土资源开发利用综合评价、城市发展目标与战略、生态安全与环境保护、城市结构与功能布局等几个模块的内容,共同组成了规划研究报告。

(4)"国土资源环境承载力和允许度"+"国土开发保护空间分区"+"重大国土开发保护问题空间落实"+"土地等重要国土资源开发利用政策制度创新"="国土规划"的规划思路。广西北部湾经济区国土规划即为此种模式,以国土资源配置和国土空间开发利用管控为平台,建立了国土发展空间类型体系,突出了资源配置对重大国土开发保护活动的协调和统筹作用,实现了新时期国土规划对相关空间规划的空间统筹和协调的作用,明确了广西北部湾经济区国土空间分类管制方案,丰富完善了新时期国土规划编制的理论和技术方法,很具有推广意义。

五、新时期国土规划内涵界定和职能完善

（一）新时期国土规划基本概念调整

面对新时期国土规划的全新定位和需求，通过各试点规划的积极探索，按照国土规划编制思路及模式创新的基本要求，初步完善了相关主要概念和内涵，并提出了全新定义，主要包括以下几个方面[2]：

1. 国土

一般意义上的"国土"是指一个国家管辖下的地域空间，包括领土、领空、领海和根据《国际海洋法公约》规定的专署经济区海域的总称。根据国土规划编制的基本需求及国家可持续发展战略要求，此次国土规划中的"国土"内涵界定为：以国土资源为公共载体的各项国土空间开发、保护和整治活动的空间关系总和。

2. 国土空间

根据新时期国土规划空间分类管控的实际需要，以及考虑到国家发展战略的具体要求和区域国土资源禀赋及开发利用状况，国土规划中的"国土空间"是指：以核心国土资源为载体和平台的，各项经济社会活动所依存的，具有长、宽、高三维规定，具备不同职能的空间范畴。

3. 国土资源

国土规划中的"国土资源"内涵在狭义资源的基础上有所重点拓展。即指：经济社会发展所必需的，以部门职能分工所确定的淡水、土地、矿产、能源、海洋等重要资源，也包括经济社会活动所必需的相关物质财富。从资源属性来看，主要是指重要的、自然属性资源。

4. 国土规划

根据规划全新需求和性质定位，充分体现国土规划的新思路、新理念和新任务，综合考虑已有各种综合性空间规划、部门专项规划成果，从突出国土资源部门调控职能的角度，将国土规划内涵定义为：是全国和重点区域国土资源配置及开发利用与各项经济社会活动、国土生态安全两者关系的国土空间发展总体方案，具有长期性、基础性、引导性和约束性。

国土规划以落实国家和重大区域开发战略部署为基本出发点，按照"五统筹"基本要求，瞄准全国和各区域现阶段和未来20年国土空间开发的重大问题和基本需求，以国土资源配置和空间分类开发利用管控为主要抓手，通过进行差别化的国土发展空间类型划分，突出和加强国土整治，构建安全、和谐、可持续发展的国土发展空间类型体系，保障和促进经济社会全面协调可持续发展。

通过试点工作的不断探索，按照实现规划独创性的基本要求，国土规划的首要任务基本确定在以落实国家和重大区域开发战略部署为基本出发点，按照"五统筹"基本要求，瞄准全国和各区域现阶段和未来20年国土空间开发的重大问题和基本需求，以国土资源配

置和空间分类开发利用管控为主要抓手,通过进行差别化的国土发展空间类型划分,突出和加强国土整治,构建安全、和谐、可持续发展的国土发展空间类型体系,保障和促进经济社会全面协调可持续发展。

此外,在《全国国土规划重大问题及编制研究(2010 年度)》专项研究工作中,将空间规划中的"区"与"空间"这对关键概念进行了进一步完善和厘清。报告指出,当前,我国空间规划理论方法体系中的"分区"模式主要有两种:一是,将规划区域内所有基本行政单元,按照某一划分标准进行空间聚类,形成若干个区。二是,根据规划需要,在规划区域中圈定几个行政单位,或将某一空间范围作为规划区。例如,京津冀都市圈、海峡西岸经济区等。一般情况下,综合性空间规划"区"的构成往往以行政单元为基础,具有宏观性、大尺度性质。同时,在中小尺度上,"区"的概念往往也体现出某一种或某一类空间开发利用类型,如,工业开发、生态环境保护区等。可见,"区"的概念和内涵既包括宏观层次行政区或大尺度区域的概念,也同时涉及某类国土开发利用类型小尺度空间。

国土规划中的"区"应按照某一分类标准,将若干行政区单元进行空间聚类,形成国土发展区。国家级规划中,以省级行政区为单元;省级规划中,基本行政区单元为县;重点区域规划中,基本行政区单元为县或乡镇。

在"区"的基础上,国土规划中的"空间"概念不以行政单元为界,以突出某种开发利用方向或用途为目标,将某一空间开发利用类型定义为某一空间单元,其基础是某一土地用途,这是规划重大工程项目、投资、政策等落地的基本单元。

5. 关于国土资源环境承载能力评价

直接将国土资源环境承载力评价成果运用到国土规划编制之中,形成对国土空间具有管控作用和协调作用的规划抓手,是新时期国土规划编制对资源环境承载力评价工作提出的新需求。随着国土空间开发利用矛盾的日益突出,资源环境瓶颈约束压力的加大,决策层和社会公众普遍认识到资源环境承载力评价对经济社会发展、城市化、产业布局调整、人口转移等具有重要意义和作用。

从以往工作来看,国土规划中的国土资源环境承载能力评价研究理论与方法还存在很多不足,很多评价工作具有模糊性和不确定性,学术界也没有取得完全共识的术语,技术指标层面与国土资源及国土空间开发利用管理之间存在空档。因此,在近几年国土规划试点工作中,对资源环境承载力评价方法与技术路径进行完善,增强规划支撑性,变"虚"为"实",做了积极探索和试验。在《广西北部湾经济区国土规划(2011~2030 年)》试点工作中,研究提出应根据国家"十二五"及区域中长期发展战略要求,结合国土规划战略任务,对国土资源环境承载能力评价的内涵、对象、内容、空间尺度等环节进行优化和完善,体现定量化,突出有用性,主要完善方面涉及:

从内涵范畴来看,国土资源环境承载能力应分为资源承载力和环境承载力两个方面。

资源:根据国家"十二五"规划及中长期发展战略中"加快建设资源节约型、环境友好型社会"的任务要求,评价中的"资源"主要是指以土地、矿产、淡水、海洋、地质等为主体的重要自然资源,也涉及经济社会活动所必需的相关物质财富。

环境:从提高生态文明水平和保护环境的角度出发,评价中的"环境"主要是指自然生态环境。

资源承载力：评价区域自身天然具有的、不可流动的，或者通过科学预测未来可以从区域外稳定调入的资源合理利用规模，对本区域经济社会发展需求的最大保障程度。

环境承载力：评价区域内自然生态环境对本区域经济社会发展所产生的负生态效应所能容纳的最大限度。

资源环境综合承载力：评价区域资源承载力和环境承载力的科学综合。

(二)国土规划全新职能体系

经过不断探索和实验，新时期国土规划的主要目标基本调整为：以实现国家和区域可持续发展为基本出发点，以提升国土资源保障力度为基本目标，充分体现国家区域开发重点战略需求和目标导向，协调"吃饭"、"开发"、"生态"三者关系，明确主要任务[3]。

1. 统筹各类开发建设规划，建设高层次综合性国土规划体系

相关专项研究认为，从目前的规划体系看，各领域的开发建设和保护规划种类繁多，各类规划均要在大致相同的时段落实到同一块国土空间。加之现阶段缺乏部门规划统筹协调机制和途径，各部门均单独提出国土资源和国土空间的需求，重点领域的开发规划和保护规划的确需要在"一张图"上进行统筹和协调，需要基于各类规划所必需的公共平台，建立一种全新的空间统筹管控型规划，统一协调重点规划实施的空间需求，化解规划之间的矛盾和不平衡，建设以国土规划为基础的高层次综合性新型国土空间规划体系。

2. 严格保护农业生产空间，提升农业产业发展水平

通过相关专项研究可以看出，正确认识未来国家农业产业发展的特殊地位和重要性，着力保护种植业发展空间，合理确定养殖业空间需求，是新时期国土规划进行空间管控的首要出发点和根本目标之一。急需划定永久基本农田，并上升成为国家级或省级种植业经济区，推进国家重点粮食主产区规模化经营，通过建立创新耕地流转机制和收益分配机制，推动规模化种植业发展。同时，部署改善农田水利等重大基础设施、建设公共服务设施、提高财政投入等配套工程。从促进新农村建设的角度，科学确定农产品加工业发展空间，并与县级工业产业发展空间进行有机结合，完善相关国土资源开发利用制度和政策。这些都已经成为新时期国土规划支持农业、保护农业发展的重要规划措施和途径。

3. 合理确定工业发展空间，设计各类园区准入、效益标准

在引导工业发展方面，相关专项研究提出，应根据国家和区域工业发展战略要求和导向，充分考虑不同地区工业发展状况和建设空间规模，深入分析各区域工业产业发展的时间进度，科学判断产业转移方向，确定主导产业发展规模，科学确定区域范围内国家级、省级重点园区于各规划期的空间发展规模。严格规范县域经济范围的工业园区部署，科学确定建设空间规模。根据每个园区的工业行业情况，以省或地市为单元，设计各市国家级、省级、地市级和县域级园区分行业资源环境准入标准和效益标准。可见，科学确定工业园区和工业用地的效益差别化指标，已经成为新时期国土规划促进工业结构调整和优化布局的重要途径。

4. 科学进行农村类型划分，规范推进城乡建设空间统筹优化

新农村建设是国土规划内容体系中不可或缺的一环，根据国家重点发展区域农业、工

业、城镇、交通基础设施建设战略定位及国土资源空间需求实际情况,立足于城镇化空间重点拓展部署和工业产业重点发展空间建设安排,将重点发展区域范围内的所有农村进行类型划分,包括 3 类:传统保护型农村、综合发展型农村、外迁整治型农村。将传统保护型农村作为支持种植业发展的重点空间领域,将外迁整治型农村作为城乡建设空间优化统筹的重点范围,将综合发展型农村作为新型农业产业发展支持配套的重点对象。将城乡建设空间优化统筹和新农村建设工作科学化、规范化。

5. 优化城镇建设拓展规模,科学推进城镇土地改造

关于城镇化与城镇空间科学拓展问题,国土规划试点工作提出,应根据不同区域城镇体系建设的实际要求,重点考虑核心城市地位提升、滨海城镇发展主轴的形成、发展廊道城镇体系建设,以及跨国或泛区域等重点县和乡镇的发展需求,引导城镇群建设规模合理拓展,促进形成特色明显、功能完善、布局合理、资源节约的城镇建设空间体系。同时,为提高城镇建设空间综合利用效益水平,提升城镇发展质量,分区域、差别化、科学实施旧城镇、旧厂矿、城中村改造。

6. 突出国土综合整治,构建边境国土安全格局

"国土整治"一直属于国土规划的重要内容。现阶段,根据规划实现独创性的需要,经过 10 年的试点探索,试点规划将国土综合整治分为国土自然整治和国土经济整治两类。前者主要针对重点流域水土整治、土地"三化"防治、中低产田改造、土壤污染防治;后者主要涉及不合理的工业园区整治、矿山土地整治、高尔夫球场整合、小产权房整治等。通过调查分析各类问题现状及空间布局,对相关重点区域,时序、有步骤地部署综合整治工程。针对重点区域地质灾害、洪涝、干旱、三化等灾害,科学安排防灾减灾战略措施和保障体系。同时,加强国境线边境安全建设,安排国土安全重大工程。

7. 促进海洋国土和谐开发,提升区域海洋区位优势

《广西北部湾经济区国土规划(2011～2030 年)》首次将海洋与陆地进行有机连接,按照统一的空间开发保护分类进行了规划部署。其中,重点对规划基期区域港口建设、填海造地、海洋旅游、渔业养殖、海洋生态环境保护和海洋环境整治 6 个领域进行现状调查评价,明确沿海区域存在的问题和矛盾。科学、合理确定海岸线可开发规模和空间部署,协调港口工业、海洋旅游、水产养殖、海洋生态环境保护等空间的关系,进行海域使用与土地管理制度的衔接协调,安排海洋国土综合整治工程。

8. 创新生态环境保护途径,实施以"发展"促"保护"

将生态保护作为区域可持续发展的理念,确定旅游、林业产业发展空间,统筹规划各类生态保护区,这是最近国土规划试点工作在创新生态保护工作中进行的新尝试。在强调空间管制的同时,加强对生态旅游区和林业加工发展区进行环保设施配套建设,建立相关产业生态环境保证金制度,完善生态旅游、林业产业经营性用地管理制度。

9. 完善国土资源管理制度,配套特色资源利用政策

突出国土规划的独创性,将国土资源管理政策制度作为主要切入点,与相关国土开发保护问题进行有机结合,这也是新时期国土规划探索性工作得出的重要创新点。其中,重

点对边贸合作、扶贫、库区整治、城乡建设空间统筹优化、农业（种植业和养殖业）加工业发展、少数民族地区发展、山区生态旅游产业发展、矿产品开采和加工等发展领域，从规划角度提出对策，包括集体土地流转、农村土地确权、城乡二元土地市场制度衔接、特色农业土地使用制度、旅游用地管理政策、城乡建设空间整治、工业园区建设空间准入及效益标准等政策，以便完善土地供应和有偿使用制度。探索国家级重点开发区域城乡土地市场"一体化"模式，建立用地指标"一体化"配置和流动。

六、国土规划空间组织理论与技术进展

（一）国土空间分类组织思路进展

建立国土规划新理念是形成规划内容和目标体系的基础，也是建立规划空间组织体系的重要前提。通过近几年试点工作的不断总结，实现国土规划的不可替代性应加强规划理念的创新和完善，将理念融入规划编制主线之中，并且作为规划的灵魂[4]。

1. 科学界定国土"发展"内涵

"开发"并不等于"发展"，二者存在一定程度的差别。"开发"主要是指以大规模工业化、城镇化建设为主导模式的经济活动，以第二和第三产业发展为导向，在国土空间变化上一般体现为自然生态空间、农业生产空间和未利用空间向城镇、工业空间转化。而"发展"的内涵包括"开发"，是科学"开发"和合理"保护"的统一体。一味的"开发"而不顾及农业和生态环境保护，不是"发展"。因此，国土规划理念中的国土"可持续发展"的内涵，应为科学"开发"与合理"保护"的统一体。即："发展"＝"开发"＋"保护"。

2. 强调国土资源环境开发利用（生态）允许度

所谓"允许度"是指区域国土资源和生态环境对开发建设活动造成的负面影响所能承受的最大程度。不同区域国土资源条件禀赋和生态环境状况不同，允许度也就不同，这就决定了区域发展途径和开发模式的差别。允许度大小的确定是以区域国土资源和生态环境承载力评价及自然条件适应性评价为基础，将评价结果与区域开发建设活动需求及生态负效应进行配对，经科学评估而得出。未来 20 年，我国城市化、工业化水平仍将提升，各项开发建设必将对区域资源环境产生影响，科学、合理确定资源环境开发允许度，是实现优化空间发展结构、提高资源保障能力、保护生态环境等规划目标的重要前提。

3. 突出国土综合整治工程部署

未来 20 年，我国城市化、工业化建设空间拓展需求仍将上涨，大量农村人口进入城市，重大公共服务基础设施建设仍将进行，满足人口高峰期基本粮食需求的农业生产空间保护压力增大，各型各类国土开发利用空间将发生明显变化。例如：为满足开发需要，部分农业生产空间和生态空间将转变为城市空间、工业空间、基础设施建设空间等；为保障粮食安全和生态环境保护需要，部分闲置、废弃农村建设空间，二、三产业建设空间将通过整理变成农业生产空间和生态空间；为提升已有空间利用效益，旧城镇、旧厂房需要改造。可见，以国土自然整治和国土经济整治为核心任务的国土综合整治工程势在必行。国土规划应根据不同区域的差别化整治需求,有步骤、分时序、抓重点,从规划实施的角度,部署重大国土综合整治工程。

4. 注重国土资源开发利用政策创新和完善

随着市场经济体制的逐步完善,土地、矿产、海洋等重要国土资源开发利用管理制度创新和完善的需求日益强烈。特别是集体土地流转、城乡二元土地市场制度衔接、农业大县农产品加工产业用地政策、特色产业土地使用制度、老少边穷地区旅游发展用地政策、城乡建设空间整治、少数民族特色文化地区开发支持、边境地区经贸合作资源开发利用制度政策等,需要进行探索、创新和完善。这些需要国土规划根据不同区域客观需求,分重点进行资源管理制度创新探索,并进行有针对性的空间部署,将政策制度创新作为重要的规划内容进行空间差别化落地,促进和支撑国土空间开发利用效益提高和结构优化。

5. 拓展生态环境保护理念

为更好地实现生态环境保护目标,区别于已有规划相关内容和理念,根据生态环保地区综合发展的实际要求,国土规划积极拓展生态环境保护理念,将"绝对保护"和"发展式保护"进行有机结合,并进行空间落实。所谓"绝对保护"是指将国家确定的重点自然保护区、水资源保护区、红树林保护区、珍惜野生动植物保护区、高原生态屏障等作为禁止任何人类活动的区域。"发展式保护"是指对于区域内自然生态环境较好,具备发展生态产业的环境保护区,在严格准入、设施配套、划定空间的前提下,通过安排一些生态环保产业,制定土地等资源开发利用优惠政策,带动生态保护区经济发展,以"发展"促"保护"。国土规划根据不同区域实际,对两种生态保护理念进行重点空间落实和政策配套。

(二)国土发展空间类型体系建立的技术方法

1. 国土发展空间类型体系框架[2]

按照实现国土规划独创性的具体要求,国土规划中的国土发展空间类型划分,基本以突出"发展"为主线,统筹"开发"和"保护",将宏观层次以行政区为基本单元的"国土分区"与中微观层次国土开发利用空间类型相结合,由Ⅰ级国土发展区与Ⅱ级城市与工矿开发空间、农村和农村发展空间、生态保护涵养空间、国土整治空间共同组成国土发展空间类型体系。这是近10年国土规划基础研究在创新规划空间组织路线研究方面具有标志性的成果。

国土发展空间类型体系中提出的国土发展区,其划定不是国土规划空间类型划分的最终目标。通过划定每个国土发展区,明确各发展区在城镇体系建设、工农业发展、新农村建设、重大基础设施布局、生态环境保护、国土自然整治、国土经济整治等方面的差别,为部署不同区域国土规划任务和目标提供依据。国土规划重点任务的部署和安排,主要针对各国土发展区中的重点Ⅱ级国土空间进行落实。

Ⅱ级国土空间类型划分的基本思路是:将空间规划分区的"正规划"思路和"逆规划"思路进行双向结合。"正规划"空间突出对工业和城镇化发展进行合理的空间保障,"逆规划"空间强调对保护性空间的强制性保护和配套支撑,两者之间通过国土综合整治工程部署,建立"可调整"空间范畴,满足"正规划"空间拓展需求和"逆规划"空间保护需要。

2. I级国土发展区的建立模式

国土发展区的划分主要以行政单位为基本单元,综合体现国家重点区域发展战略部署、国土区位条件、地形地貌、国土跨度、海岸线及海洋等要素差别,从综合角度或单一因素角度进行国土发展区划分,实现对规划区域国土的全覆盖。

国家级:全面协调区域国土开发活动与国土资源环境承载力之间的关系,加强国土资源环境本底要素集合对区域城镇产业发展等重大国土开发保护活动的引导和约束。通过强调水土资源、生态环境容量、地质安全等重要国土资源环境本底要素对区域城镇建设、工业产业发展、交通重大基础设施布局等方面的允许度和负面影响,将全国水资源分布、地质安全综合等级评价、生态安全综合等级评价、国土资源承载力评价等代表国土资源本底的状况,与省级行政单位进行套合,体现大尺度区域国土资源环境要素的禀赋差别。以地理区位为基本方向,侧重于国家区域发展政策,考虑区域国土资源环境状况,进行全国国土发展区划分。此外,也可以通过突出国家重点区域发展政策,综合考虑资源空间配置,进行全国国土发展区划分。

省级:以县为基本行政单元,侧重于全省(区、市)区域发展政策,考虑区域国土资源环境状况,进行省域国土发展区划分。[4]

重点区域级:以县为基本行政单元,侧重于区域发展重点领域内容及方向,考虑小区域国土资源环境状况,进行区域国土发展区划分[5]。

划定I级国土发展区的主要目的是,从大尺度上体现各区在城镇体系建设、工业发展、农业保护与提升、新农村建设、重大基础设施布局、生态环境保护、防灾减灾、水土整治等方面的差别化特征及问题差异性,为各国土发展区进行空间类型划分、差别化配置资源、部署国土整治工程、制定相关政策提供空间依据。

3. II级国土发展空间类型划分方法

区别于其他空间规划的分区思路,新时期国土规划II级国土发展空间类型划分以土地用途管制为基础,立足于现实条件下区域各种用途的国土空间开发利用现状,围绕"促发展、促安全、促质量"的核心目标,构建城镇和工矿开发空间、农业和农村发展空间、生态保护空间和国土综合整治空间4类,并进行重点空间细化。就不同区域在产业化、城镇化、交通基础设施、文化旅游、物流、港口、国土综合整治、防灾减灾、生态环境保护等工作领域,通过确定所对应的不同种类国土发展空间规模和布局,体现各自在开发利用程度和方向上的差别性。

国土规划的国土发展空间类型划分理念主要是从不同角度,以充分体现国土规划对促进区域各项建设与综合发展,保障区域资源安全,提升区域生态环境质量这3个层次的规划目标而设计的[4]。

三类空间职能关系:城镇和工矿开发空间主要满足于工业产业发展和城镇化建设、基础设施布局等空间需求。农业和农村发展空间主要是落实现代农业产业发展战略,保护基本农田,支持传统种植业发展,提升特色农业产业发展水平,配套土地等资源开发利用管理政策,促进区域农业多元化发展。生态保护空间主要保护自然生态屏障,保育具有重要生态功能的空间,加强重点水生态和饮用水源地的空间保护,为区域国土开发提供生态产品。国土综合整治空间作为"覆区"在上述 3 类空间范围内进行重点选择和安排部署,重点解决国土空间剧烈变化过程中,国土开发与生态和农业生产空间保护、水土治理和防灾减灾等问题。

三种空间具有一定的独立性和叠加性。在国土空间开发利用的具体用途方面,三类空间的职能和内容在一定程度上会出现重叠,也就造成了三类国土发展空间类型划分在落地上会出现不同程度的重叠和相互覆盖。其中,主要是国土综合整治空间与国土经济空间和国土生态空间之间的叠加。

其中,从统筹国土开发和保护的角度来看,城镇和工矿开发空间与农业和农村发展空间可以并成为国土经济空间。

其中,"空间"的含义主要是指:某种开发利用方式以土地用途为基础的空间范畴。作为图形的表达,主要是在某一行政区内或者打破行政界限的大、中、小型图斑。"国土发展空间类型划分"不同于简单意义上的"分区"。

国土规划对国土空间开发利用管控的实现,将传统意义上的行政化"分区"与空间开发利用形式的"详细分类"相结合,突出重点空间类型,共同形成国土发展空间类型划分体系[2]。

4. 国土发展空间类型体系与部署规划任务的关系

重点类型空间规模与任务。在各 I 级国土发展区内,设置各型各类 II 级国土空间的规模大小和空间布局结构,是实现国土规划调整与优化国土空间开发利用布局和结构的重要抓手和实现途径。国家对全国不同地区空间开发与政策的不同,应通过 II 级国土空间类型规模的大小和利用管制政策的差异而体现。改革开放以来,由于缺少国土规划的统筹协调作用,使得各地空间开发均以粗放模式展开,各类空间开发活动在不同地域没有形成良好的差别化、梯度化和层次化,出现了经济建设空间盲目扩张,农业生产空间急剧减少,生态空间质量下降或恶化的突出问题。很多地方亟需进行国土整治,亟需控制建设空间过度扩张,亟需制定差别化的空间准入政策和标准体系。

配套政策。国土规划的措施体系简单概括为:"空间规模+工程部署+配套政策",三者共同构成了国土规划对优化国土空间结构,调整国土空间布局,促进空间差别化发展的抓手。其中,国土资源开发利用的特殊政策、倾向性政策、个别地区支撑性政策的具体落地,对于实现国土规划作用非常重要。为与其他部门相关规划进行区别,这些配套政策主要包括:集体土地流转与抵押融资、城乡二元土地市场制度衔接、特色农业土地使用制度、农业大县农产品加工产业用地制度、旅游用地管理制度、城乡建设空间统筹优化、工业园区建设空间准入及效益标准、少老边穷地区产业发展用地制度、城乡土地市场"一体化"等。这些政策主要服务于重点区域或特色区域的边境贸易合作、城乡建设空间统筹优化、农业(种植业和养殖业)加工业发展、山区生态旅游产业发展、矿产品开采和加工等发展领域,不是在全国范围内普遍推行,而是根据国家对重点区域提出的若干意见和特殊需求,从国土资源开发利用政策创新的角度,进行有针对性的空间部署和设施。

5. 全国规划与省(区、市)级和重点区域国土规划的关系

国土规划只从宏观方向上,明确 I 级国土发展区的战略部署和主要任务体系,充分体现各 I 级国土发展区的差别和特征。对其中的重点规划目标,明确总规模和各规划期的规划任务,制定相关技术路径,通过省(区、市)级和重点区域国土规划进行具体落实。

七、国土规划主体内容框架设计新进展

经过试点工作的不断研究,新时期国土规划的内容框架在广西北部湾经济区国土规划试点中已基本形成。同时适用于全国、省(区、市)、区域级国土规划的相对统一框架由以下几个部分组成[2]:

(1)总则。重点说明国土规划的性质、定位、主题、主要任务、范围与期限、国土资源开发利用总目标等。

(2)国土资源禀赋及开发利用现状。重点对国家及区域尺度的国土资源条件及开发利用现状等,进行系统的评估和分析。

(3)经济社会发展战略定位。重点对总体定位与泛区域合作、产业发展定位、人口发展定位、主要城镇群发展定位、生态环境保护战略定位等,进行系统说明。

(4)国土资源与环境允许度。重点对土地资源允许度、能源与矿产资源允许度、海洋资源允许度、生态环境允许度、资源环境综合允许度等,进行测算和规定。

(5)跨省域协作与交流。重点对跨区域协作与交流总体战略、跨区域协作与交流产业对接与空间布局等,进行说明。

(6)城镇与乡村建设空间规模优化与布局。重点对中心等级城镇体系框架、不同等级城镇建设空间规模控制、新型农村建设空间规模优化、城镇与农村居民点建设统筹与互补、农村集体建设用地流转模式与管制等,进行分析、说明和设计。

(7)产业结构优化与建设空间规模调控。重点对区域产业发展导向与结构优化、工业生产空间规模调控与布局、园区用地准入与利用监管、特色旅游产业空间布局与规模控制等,进行分析、设计和说明。

(8)交通运输体系建设与港口发展空间协调。重点对交通运输体系建设规模与空间布局、港口发展空间用地布局与功能协调、海岸线保护与填海规模控制与优化等方面,进行分析和设计。

(9)基本农田保护与农业生产空间构建。重点对规模基本农田规模保护、特色农业生产空间构建与布局、种植业土壤及灌溉水质保护和污染防治、城镇群(核心区)农业生产空间保护与规模优化等内容,进行系统说明。

(10)能源保障和矿产资源开发利用布局。重点对重大能源保障体系与建设布局、重点矿产资源开发利用总量调控和布局调整、初级矿业发展与区域经济协调、重点矿区矿山环境整治和恢复等方面,进行分析、评估和优化设计。

(11)城市地质环境调查与问题防治。重点对重点城市群(都市带)地质环境现状及问题、重点城市群(都市带)地质环境承载力和允许度评价、重点城市群(都市带)地质环境问题防治措施与监测预警等方面,进行分析和说明。

(12)生态环境保护、治理与灾害防治。重点对优质生态环境空间规模确定与保护、重点河流和水源地保护与开发管制、综合防灾体系建设与重点灾害防治措施等内容,进行分析和说明。

(13)国土规划信息系统建设与制度保障。重点对国土规划信息系统建设、国土规划

实施程序与制度安排、跨区域资源开发利用与保护的协调机制，以及绩效考核、财税分配、公共服务制度创新等，进行分析和说明。

（14）附则。规划实施监督及说明。

八、国土规划实施机制创新设计

（一）国土规划层级设置

综合考虑已有空间规划实施部署情况，充分发挥国土规划重要作用，新时期国土规划在层级设置方面，主要分为4级：全国国土规划纲要、省（区、市）级国土规划、跨省级国土规划和省级单位内跨地市国土规划4个层次。

其中，省级单位内跨地市的小区域国土规划在现阶段具有很广泛的优势和作用，特别是随着国家发改委颁布20余个重点区域（发展）规划后，这些区域的国土资源开发利用和国土空间发展格局急需进行调整和优化。尤其是，被列为国家重点开发区的部分中西部地区，更需要编制区域性国土规划，争取更多的新增建设用地指标和土地开发利用配套政策。

（二）国土规划实施途径模式

尽管新时期国土规划的编制实施职能发生了明显变化，但是，规划的综合性、战略性、基础性、约束性的性质定位仍未改变，国土规划仍是各级政府促进区域经济社会发展，争取重要国土资源开发利用指标配额的重要途径。同时，规划涉及领域广、协调难度大，从增强规划实施有效性的角度来看，必须坚持规划编制区域人民政府统一组织、专家领衔、部门合作、公众参与、科学决策的工作方式。

全国国土规划纲要编制和实施：已成立由国土资源部、国家发展改革委牵头，财政部、住房和城乡建设部、环境保护部、农业部等有关部门和中国科学院、中国社会科学院、中国工程院参加的《纲要》编制工作领导小组，负责国土规划编制的重大决策。领导小组下设办公室，设在国土资源部，负责开展前期研究和规划编制等具体工作。

其他已开展工作的试点规划：均成立由国土资源部与省级人民政府共同联合编制的方式，建立地方和北京专家咨询组，负责国土规划编制的重大决策。领导小组下设办公室，设在国土资源部，负责开展前期研究和规划编制等具体工作。规划由国土资源部审批，国土资源部和省级人民政府联合颁布实施，报国务院备案。

（三）与相关重要规划的关系

按照新时期国土规划的基本定位和主要任务部署，从规划协调统筹的角度，国土规划与相关规划的关系基本定位为以下几个方面[6]：

1. 与国民经济和社会发展五年规划的关系

国土规划是从更长的时间尺度上，实现国家国民经济和社会发展五年规划战略目标体系中，关于国土空间开发战略的国土空间支撑体系和国土资源保障方案。是从空间尺度上，协调各种类型国土开发空间和国土生态保护空间关系，落实国家和重点开发区域国民经济和社会发展五年规划目标和内容。

2．与国家重点区域（发展）规划及重点区域发展重大决策的关系

国家重点区域（发展）规划及重点区域发展重大决策是形成未来我国国土空间开发利用格局的基础依据。尤其是中央对重点发展区域在产业发展、城镇化、人口布局、港口建设、基础设施配套、生态环境保护等领域所确定的总体战略，已成为国家发展的总体纲领和战略决策。国土规划为落实国家重点区域开发部署提供重要国土资源配置方案；协调重点区域与其他区域在国土资源配置上的关系；通过分时序、分重点、差别化部署城乡建设空间综合整治工程，完善土地等资源开发利用制度政策，促进重点区域发展发挥了重要作用。

3．与主体功能区规划的关系

国土规划所提出的国土资源开发利用规模、强度及国土发展空间类型统筹方案和政策措施体系，是推进主体功能区规划落实重点开发、优化开发、限制开发、禁止开发的重要手段。在空间分区方面，将宏观分区与中微观国土空间类型划分进行有机结合，从突出"发展"的角度对全国不同区域进行发展定位，根据不同区域发展的实际和差别化需求，通过在各自发展区内部或在省级单位内，设置类型较为详细的国土经济空间、国土生态空间和国土综合整治空间，实现全国各区域实现差别化、特色发展空间格局。

4．与重点部门专项规划的关系

国土规划是从国土空间发展上，统筹国家和区域现有重要专项规划的基础，是城镇体系规划、产业发展规划、生态环境保护规划、基础设施规划、人口规划等规划实施的重要依据，是协调规划空间重叠性矛盾的有力措施，是实现资源节约、集约利用，有限资源在重点领域内合理分配的战略性规范，是保证各专项规划顺利实施的高层次、协调性规划。

5．与国土资源部门专项规划的关系

国土规划是土地利用规划、矿产资源规划等国土资源规划的统领和依据，是科学进行土地指标空间配置，协调各类国土资源规划与相关部门规划关系，保障各类国土资源规划顺利实施的高层次、协调性规划。

参考文献

[1] 武廷海.中国近现代区域规划[M].北京:清华大学出版社,2006:106-141.
[2] 强真等.全国国土规划纲要编制研究——国土规划理论与方法篇[M].北京:2009.
[3] 强真.新时期国土规划主要任务及内容框架[C].中国地质矿产经济学会编.国土规划与科学发展——资源经济与规划专业委员会2010年学术年会论文集:175.
[4] 强真,郝庆,安翠娟等.广西北部湾经济区国土规划编制研究[M].北京:2011.
[5] 侯华丽,强真.重庆市国土规划前期研究[M].北京:2010.
[6] 强真,孟旭光等.全国国土规划重大问题及编制研究[M].北京:2010.

撰稿人：强　真

国土开发整治理论与方法新进展

一、引　言

国土开发与整治,是所有人类国土活动中最重要、最积极的组成部分,是国土要素发挥其重要作用的最直接的形式或形态,是国土经济学理论和方法的重要组成部分,亦是国土经济理论和方法应用的主要形式之一。国土开发与整治有着悠久的历史,在一定程度上讲,人类发展的历史就是国土开发与整治的历史,同时国土开发与整治的发展进程极大地丰富了人类文明史,丰富了人与自然界之间的关系,并提升了对此种关系的认知水平。

我国是发展中的国土大国,国土开发和整治的现实需求极其旺盛,对相关理论和方法的需求亦极其旺盛,这就为国土开发与整治理论和方法提供了广阔的空间,同时也决定了中国国土开发与整治亦必将为国土开发与整治理论和方法的创新和发展做出应有的重要贡献。回顾过去,我国国土开发与整治的理念、思路、主体、措施、制度等不断发展,取得了许多重大成果,对社会经济发展产生了巨大推动作用;展望未来,我国国土开发与整治理论和方法,将在主体结构设计、利益关系设计等方面,不断探索和创新,为建立高效、有序、幸福、和谐、安全的国土新格局,提供重要支撑,同时进一步丰富国土经济学的内涵。

二、国土开发整治及其源起

(一)国土开发整治的基本内涵

国土开发整治就是有针对性地对国土资源进行开发、利用、治理和保护,是有针对性地对国土资源、空间、环境的开发利用、治理保护和建设布局。国土开发整治不仅包括对国土资源的调查、开发、利用、治理和保护,而且还包括为此目的而必须进行的国土规划、国土立法和国土管理等各项工作。

国土开发整治特别强调综合的、整体的观念,不仅开发整治的手段措施强调综合性和整体性(经济的,社会的,生态的),而且开发整治的对象也强调综合性与整体性,不能局限于一个国家或行政区内,而必须考虑到国土本身所具有的整体特性(例如同属于一个流域,同属于一个经济区),在必要时开展跨行政区甚至跨国的国土开发整治活动。

(二)国外国土开发整治的起源

在西方发达国家,国土开发概念的提出及实践已经有将近 50 年的历史,其发源可以追溯到 20 世纪六七十年代开始兴起的环境保护运动。这些国家的工业化历史几乎共同地走了一条先污染后治理的道路,30 年代生态遭到严重破坏,五六十年代资本主义黄金发展时期污染严重,环境公害事件层出不穷,于是在 60 年代末 70 年代初开始重视环境保护和治理。与此同时,他们也逐渐认识到国土保护的重要性,不仅仅要对已经受到损害的国土进行治理,而且在今后的国土开发活动中也要强调保护,即在保护的前提下开发,在开发中注意保护。各国纷纷成立国土开发机构,如澳大利亚的土地资源调查利用部、英国的土地资源部、法国的领土整治委员会、日本的国土厅。

(三)我国国土开发整治的发展历程

从区域开发政策和国土规划的调整看,我国大致经历了以下几次较大的变化:

第一,以 20 世纪 80 年代之前为界限,我国区域开发是在条块分割下的均衡化发展,全国各区域开发还没有统一的国土规划,受当时经济社会发展内外部压力及主观导向,当时还未形成完整的区域国土规划框架,国家也没有制定指导全国区域开发的国土整治及开发规划;同时,以行业为主体的条块分割状态在一定程度上也限制了国土综合整治与国土规划的形成和付诸实践,仅在国民经济和社会发展计划中有关于国土开发的方向性描述。如"一五"、"二五"计划时期均提出努力平衡沿海与内地关系,重点加快重工业发展的主张;"三五"、"四五"计划则更加明确地按照"山、散、洞"的布局原则,将国防工业作为我国的发展重点,将中西部作为我国发展的重点地区。但是,此时各部门、各地方在国土开发与整治方面也做了大量工作。如治理黄河、淮河、海河工程等。

第二,以 20 世纪 80 年代之后为转折点,区域开发、整治规划工作开始起步,区域非均衡发展战略不断得以实施。1981 年,中共中央和国务院明确做出了加强国土开发与整治工作的决定,标志了我国区域国土开发规划工作真正起步。之后,具体负责国土开发整治工作的机构很快形成。这时期的国土开发工作重点包括:全面组织国土资源的调查、分析与评价工作;二是第一次全面提出了国家国土开发的总体规划;三是全面开展了以京津唐地区为代表的区域国土开发规划的试点和推广工作;四是推动了国土开发规划的法制建设,组织协调或参与制定了一批全国和地区性法规;五是开展了与德国、法国、日本、美国、波兰、加拿大、苏联等国的广泛国际交流。此段时期,我国的区域开发政策也发生了重大调整,如"六五"计划明确提出,要实行沿海带动内地的发展战略;"七五"计划提出了按东、中、西三大地带划分的区域开发模式,并继续突出沿海地区的快速发展。

第三,以 20 世纪 90 年代之后为转折点,我国的区域国土开发与整治开始进行了细化和调整,区域开发更加注重兼顾效率与公平的双重目标。随着区域开发政策的调整,我国的国土开发规划出现了如下几个积极变化:一是区域国土开发整治和规划与国民经济及社会发展总体规划的联系更加紧密;二是自 1999 年开始实施西部大开发战略以后,服务于西部大开发战略实施的区域重大基础设施规划成为国土规划的重点;三是随着区域之间不断加大联系,跨区域(尤其是跨省区)或流域性的区域开发规划成为国土规划的一个重要内容;四是传统的按照三大地带划分的区域开发格局得以进一步细化,并更真实地反映了区域经济联系的客观实际,"十一五"提出了实施东北振兴和中部崛起等国土开发战略,"十二五"之初又发布了主体功能区规划;五是国土开发规划的管理机构发生了重大调整,1991 年,原国家计委内负责国土工作和地区经济工作的职能机构合并为国土地区司,国土开发规划工作与地区经济的一致性职能进一步突出,1998 年国土地区司改为地区经济发展司。

三、国土开发整治的经济分析方法及其进展

(一)成本-效益分析

国土开发不同于一般经济开发项目的地方在于它更关注长期经济生产力。它需要在较长的时间周期内投入资本和劳力,在相当长的时间内其资金会固定在某种用途上,对流动的限制很大。这就要求开发的决策者必须关注长期的效益和成本,力图使这种长期投资的效益最大化。在国土资源开发中,成本-效益分析法最为常用。国土资源开发的成本包括直接成本、间接成本、机会成本和时间成本等,而国土开发的效益包括经济效益、社会效益、环境效益和生态效益等。

国土资源开发是成本-效益分析方法应用最为广泛的领域,主要包括土地资源、水资源、能源资源和矿产资源开发的成本和效益,并与资源的经济分析和资源的优化配置等资源经济、资源管理等问题结合在一起,衡量资源开发的合理性和有效性。但是,由于资源开发效益不仅仅包括经济效益,还包括社会效益、生态效益和环境效益等难以用货币衡量的效益,成本-效益分析在国土资源的实际应用中存在较大的难度。耿香玲用成本-收益的分析方法来衡量西藏自然资源的经济价值,如果收益大于成本,其经济价值就高,构成资源优势。研究结果表明,西藏资源性产品的开发成本居高不下,而收益则受到种种因素的制约难以提高。王菊认为,生态环境资源的价值是生产费用对效用的关系,并从补偿价值的角度利用价值分析的方法论证开发建设项目对环境影响的价值补偿问题。目前的成本-效益分析在实践中的应用侧重于对具体的国土开发项目的成本-效益估计,是一种小尺度国土开发的经济分析方法,在项目的可行性分析中得到广泛应用。姜文来认为,在南水北调工程建设中,进行费用-效益分析可以使决策更加科学化,需水区节水与调水投资效益比较对于大型水利工程建设的必要性分析也十分重要。柴国荣计算了水资源跨流域配置的成本和收益,并以南水北调中线工程为例,计算包括水源工程、库区淹没处理及移民安置工程、输水总干渠工程、汉江中下游补偿工程以及环境保护工程等在内的由工程成本、机会成本和选择成本组成的水资源配置成本和由经济效益、防洪效益、生态环境效益和社会效益等组成的跨流域水资源配置效益,结果表明,南水北调中线工程的效益费用比1.4($>$1),高于经济上合理的标准。而潘家华则认为由于计量收益是采用影子价格核算,水资源跨流域配置的成本-收益分析与比较不应该是简单的对可计量因子的财务核算,其收益会高于可能的财务数目。他计算出南水北调中线工程的经济内部收益率高达21.6%,经济净现值为182.76亿元,收益-费用比达到1.98,因此认为这一资源配置工程在经济上是合理的、可行的。

(二)国土资源再开发——门槛理论

门槛理论是指导国土开发规模的重要依据。任何一个区域的国土开发,都是在原有开发基础上进行,都面临着国土资源的再利用问题。这个过程就被称为国土资源再开发。国土资源再开发面临的首要问题是克服开发规模扩大的诸多门槛。"门槛理论"广泛应用

于城市规划学和区域经济规划等领域,对国土资源再开发也有着很好的指导作用。国土资源再开发的目的应当是提高国土资源的使用效率,即使国土资源得到更充分合理的利用。国土开发的三大要素:自然环境,资源分布和组合状况,经济与技术条件,就是构成国土资源再开发的三个"门槛"。但各个门槛对开发的限制作用并不完全相同,资源分布与组合状况是刚性门槛,不容易跨越,而经济与技术条件这一门槛则有更大的变动性。

覃永晖运用门槛分析法,诊断出限制该区域乡村旅游产业发展的地理环境、技术条件、区域空间结构等"硬门槛"与宣传、促销、管理等"软门槛",并针对这两大方面提出该区域乡村旅游资源开发的具体对策。张家义认为我国应提高管严市场的准入门槛,促进矿产资源的勘察开发,并对我国已有的油气资源、非油气资源的勘察开发准入政策、矿产资源勘察开发的鼓励和优惠政策等进行梳理,肯定了市场准入标准、政策对矿产资源勘查开发、宏观调控及经济发展的作用。近年来门槛理论在实践中的应用主要表现在以山西为首的煤矿资源整合上,提高煤矿资源准入门槛,将小煤矿整合成大型煤矿,降低煤矿开发成本、提高煤矿资源的规模效益。

(三)环境影响评价

环境影响评价的分析方法在国土开发与国土整治中均有涉及。国土开发的环境影响评价是指国土开发规划和国土开发项目对环境可能造成的影响,研究内容主要包括国土开发的环境影响进行评价的方法、评价的程序、评价的内容以及评价过程中需要注意的问题。国土整治的环境影响评价也包括对国土整治规制的环境影响和对国土整治项目的环境影响评价,但是在评价方法的应用、评价指标的选择上存在一定的差异。

四、我国国土开发整治理论与实践及其主要进展

(一)国土开发理论研究及其成果产出

1. "点-轴"开发理论研究

根据国家自然科学基金的资助情况,从1999年到2011年,我国没有一项有关国土开发的资助项目。我国的国土开发更多的是一种实践,对于国土开发的理论研究少之又少。仅有的几篇关于国土开发的文献大多都是与国土开发实践密切相连的,其中与国土开发理论联系较为密切的就是陆大道院士提出的"点—轴"系统理论,既有关于"点—轴"系统理论的说明,又有关于"点—轴"系统理论在国土开发中应用。另外,顾林生、毛汉英、伍新木、蔡玉梅、张文忠等许多学者都将焦点放在国土开发最为典型的地方——日本,通过研究日本的国土开发方式、开发政策、开发演变等,给我国的国土开发提供一定的经验和启示。伍新木通过分析二战之后,日本在经济高速增长、产业结构巨大变动、城市化迅速推进的发展过程中,农业用地、工业用地和城市用地在结构、规模、价格、集约利用程度等方面的特征和日本政府针对经济发展和土地利用的变动和影响制订的一系列规划调整措施和政策法规体系探讨日本在有限的土地资源条件下实现经济高速增长的原因、途径和措施,并提出对我国的启示。刘慧通过对日本、美国、法国、荷兰、墨西哥等5个国家国土开

发规划实践的分析总结,凝练出不同国家的国土空间开发模式,即点—轴—面开发、多极核圈域开发、多极核网络开发、面状区域开发等,探讨了国外国土空间开发的共同点及其对当前我国国土空间规划的启示。

2. 国土空间开发研究

国土空间开发是国土开理论研究的重要方面,包括国土空间开发结构、国土空间开发布局、国土空间开发模式等内容。国土空间开发结构就是经济要素在地理空间上的分布状态,反映了以地理空间为载体的经济事物的区位关系和空间组织形态。肖金成认为,当前我国国土开发空间结构还存在一些问题,区域之间的经济要素流动仍有很多障碍,区域之间的经济发展差距和公共服务差距仍然较大,需要在继续落实区域协调发展战略的基础上,重点抓好以下几个方面工作:一是发展城市群,培育经济增长极;二是以城市群为核心构建经济圈,沿主要交通干线打造经济带;三是重视边疆经济发展,加强国际次区域合作。目前,我国的国土开发的空间集聚现象日趋明显,增长格局转换呈现"北移西进"的态势,新兴热点区域已经初步显现,战略通道的总体支撑能力也已基本形成,但是经济区之间的组织不尽合理,国土空间的网络化开发格局尚未形成,国土空间综合开发绩效较差,因此需要优化我国国土空间开发格局思路,密切结合国家发展需求,采用新的发展理念与发展模式,遵循资源环境承载能力的基本原则,合理引导人口与产业集聚趋势,推进国土空间合理有序的开发。国土空间开发的模式有梯度开发模式、重点开发模式、点-轴开发的模式以及区域协调发展的模式等,国土开发模式的研究与我国不同时期的国土开发实践密切相连。

3. 主体功能区划的理论研究

近年来的国土空间开发研究成果主要集中在主体功能区的理论及实践研究方面。樊杰阐述了我国实行主体功能区划的科学基础,提出了国土开发空间管制的理念,即主体功能区划,实现国土"开发"与"保护"并举的双重功能。魏后凯、高国力以及宏观经济研究院国土地区所课题组等也分别对主体功能区划的内涵、作用、缺陷等进行分析说明,对于主体功能区的划分、政策等均有一定的研究。王倩从主体功能区与主体功能区绩效评价的内涵、实质、意义、动因及指标体系的设计思路与原则等方面,对主体功能区绩效评价进行研究。张孝德、邓玲等将主体功能区与区域开发模式等结合起来,认为主体功能区规划是我国区域开发的重要模式,具有解决因长期以来的同质化管理引发的区域发展的不协调的能力,促进协调区域发展的功能,而杨伟民则侧重主体功能区的国土空间优化功能。

(二)国土整治理论研究及其成果产出

1. 国土整治的法律体系研究

由于不合理的国土开发造成了我国国土资源、国土环境、国土空间和国土生态的巨大破坏和浪费,必须进行国土整治,提高我国国土资源的利用效率。与国外相比,我国的国土整治最大的问题就是缺乏制度和法律保障,体系定性不准等,因此,实践中要建立符合我国国情的国土整治体系,完善我国国土整治律。申玉铭、毛汉英通过对德国、英国、日本、美国和法国的国土开发整治经验进行总结,认为我国应当通过立法对国土开发整治及其规划的性质、任务、内容、方法以及从编制到实施的基本程序做出原则规定,明确国土开发整治规划与经济社会发展计划、行业规划、土地利用规划、城乡规划等的相互关系,将国土规划纳入规范化、法制化的轨道,从根本上确立规划的法律地位,为国土整治规划的编制、实施提供法律保障。王佳男通过对我国国土开发整治的立法现状进行梳理,发现我国还没有一部统一的国土开发整治基本法,目前关于国土开发整治的立法大多散见于法律法规之中,缺乏统领国土开发整治工作全局的效力较高的主干法律,并构建了我国以国土开发整治法这一基本法为龙头,以自然资源法牵头的各资源法体系、以环境保护法牵头的各环境保护法体系、以自然灾害防治牵头的各灾害防治法体系和其他各项具体的开发整治法律法规为主体的层次清晰、完善的国土开发整治法体系。代轶通过对欠发达地区的国土整治问题进行分析后发现,国土整治立法滞后,区域国土整治定位标准弱化是当前我国欠发达地区国土整治中存在的问题的重要原因,他认为,除立足全局的《国土整治法》宜早出台外,更为重要的是欠发达地区也应制定适合自身条件的国土整治地方性法规、规章作为指导经济社会发展定位的核心标准,在各地区发展中要逐渐使其国土要素禀赋的利用开发符合这一定位标准。梁海燕、卢晓峰等针对我国国土整治中存在的问题也都提出了要加强我国国土整治的法制建设,强化实施、加强监督的法律对策。

2. 土地整治的研究

国土整治中研究最多的是对土地整治,土地整治包括土地整理、土地复垦、土地开发等各项活动。我国土地整治的理论研究主要集中在土地整治的类型与模式、土地整治影响评价、土地整治的参与性、土地整治与新农村建设以及土地整理潜力评价等几个方面。

土地整治类型与模式研究是土地整治研究是主要内容,是土地整治实践的重要理论成果。由于自然条件的不同,我国的土地整治模式呈现出一定的区域差异性,但总体上遵循集约、集约利用的原则。延军平等根据三门峡库区(华阴段)土地整治的实践与研究,构建了适合华阴地区可持续发展的"3I"土地整治模式,即土地集中(Ingathering)、生产集约(Intensiveness)、产业集成(Integration)。鲁建平根据浙江省的土地整治实践,总结出浙江省土地整治的类型,包括:迁村并点型、整村搬迁型、腾地盘活型和城镇社区等4种类型,为其他地区的土地整治实践提供了很好的借鉴。辽宁省的土地整治模式与浙江省基本相同。陈雪骅分别对江苏、浙江、福建、山东、湖北、重庆和四川的土地整治模式进行了总结对比,发现这些地区的土地整治模式基本相似。

土地整治影响评价主要包括对土地整治规划的环境影响评价和土地整治项目评价的研究。土地整治规划环境影响评价是对土地整治规划中土地整治目标、战略方针、重点工程、重点项目布局等可能会引起的环境影响进行识别、分析、预测和评价,并根据评价结果提出相应的减缓和预防措施。石宇从土地整治规划的内涵出发,对土地整治规划环境影响评价内涵及其评价内容进行了分析,进而通过环境影响评价识别,构建了评价指标体系,并采用了定量研究辅以定性描述、理论探讨结合实证研究的方法,以海南省新一轮土地整治规划为例,对土地整治规划的环境影响评价进行了研究。曲欣则研究并提出了土地整治规划环境影响评价的内容、评价程序,分析了不同类型的土地整治规划对环境的影响,并从社会环境影响、经济环境影响和生态环境影响等3个方面构建了土地整治规划影响评价的相关指标。杨逢勃、杨庆媛认为土地整治项目实施后应该进行环境影响评价,构建了土地整治项目后评价的理论框架。邓京虎采用集对分析法构建模型,对土地整治工程的生态、经济和社会效益进行评价。

土地整治是一项惠民工程,涉及农民的切身利益,因此,土地整治需要农民的广泛参与,要在自愿的基础上进行。针对我国土地整治中农民参与度低,参与机制不健全,参与的法律缺失,参与对象不具有代表性等问题,不少学者将研究焦点集中在土地整治的参与性方面。洪士林从土地整治的内在要求、公众维护自身合法权益的要求、监督土地整治实施的必然要求3个方面阐述了公众参与土地整治的必要性。赵建宁通过对我国土地整治公众参与的制度现状和实施现状进行分析,找出了我国土地整治公众参与缺失的原因,并提出了完善我国土地整治公众参与的思路和建议。山东省邹城市国土资源局的李庆强设计了农民参与土地整治的程序,认为在土地整治的项目申报、规划编制、工程施工等环节都要尊重农民意愿,征求农民意见,让农民广泛参与到土地整治过程中来,引导农民从被动参与到主动参与角色的转变。河南省信阳市国土资源局的陈沉则针对土地整治过程中资金不足的问题,提出了引导民间资本参与土地整治的思路,并对其具体操作过程等进行了思考和研究。

近年来,随着城镇化的急剧推进,城市建设用地不足的矛盾凸显,不少地区将土地整治与新农村建设结合起来,将农村土地整理出的建设用地置换到城市,以扩展城镇建设用地空间,由此部分学者将研究目标集中在土地整治潜力问题上。土地整理潜力研究可以归纳为土地整理潜力内涵、土地整理综合潜力评价与土地整理潜力计算方法三项主要研究内容。土地整理潜力的内涵主要包括可以增加可利用土地面积、提高土地生产能力和改善生态环境三方面。土地整理综合潜力评价侧重于对土地整理评价指标体系的选取,进而对土地整理潜力进行综合评价。而土地整理潜力计算主要表现在研究方法的不同,归纳起来,土地整理潜力计算方法大致可以分为评述政策指标测算法、闲置宅基地抽样调查法和建筑容积率法等3种。

五、国土开发重要实践成果

(一)国家层面的国土开发:主体功能区规划

主体功能区规划是我国国土开发在国土空间中最重要的应用成果。我国"十一五"规划纲要明确提出"主体功能区"概念,指出:"各地区要根据资源环境承载能力和发展潜力,按照优化开发、重点开发、限制开发和禁止开发的不同要求,明确不同区域的功能定位,并制定相应的政策和评价指标,逐步形成各具特色的区域发展格局。"2010年12月,国务院正式发布了《全国主体功能区规划》。主体功能区就是根据不同区域的资源环境承载能力、现有开发强度和发展潜力,统筹谋划人口分布、经济布局、国土利用和城镇化格局,确定不同区域的主体功能,并据此明确开发方向,完善开发政策,控制开发强度,规范开发秩序,逐步形成人口、经济、资源环境相协调的国土空间开发格局。其实质是对国土空间的开发。

规划中的优化开发、重点开发、限制开发、禁止开发中的"开发",特指大规模高强度的工业化城镇化开发。限制开发,特指限制大规模高强度的工业化城镇化开发,并不是限制所有的开发活动。主体功能区的开发理念是:①根据自然条件适宜性开发的理念。不同的国土空间,自然状况不同。国土开发必须尊重自然、顺应自然,根据不同国土空间的自然属性确定不同的开发内容。②区分主体功能的理念。一定的国土空间具有多种功能,但必有一种主体功能。从提供产品的角度划分,或者以提供工业品和服务产品为主体功能,或者以提供农产品为主体功能,或者以提供生态产品为主体功能。③根据资源环境承载能力开发的理念。不同国土空间的主体功能不同,因而集聚人口和经济的规模不同。必须根据资源环境中的"短板"因素确定可承载的人口规模、经济规模以及适宜的产业结构。④控制开发强度的理念。我国不适宜工业化城镇化开发的国土空间占很大比重。各类主体功能区都要有节制地开发,保持适当的开发强度。⑤调整空间结构的理念。空间结构的变化在一定程度上决定着经济发展方式及资源配置效率。必须把调整空间结构纳入经济结构调整的内涵中,把国土空间开发的着力点从占用土地为主转到调整和优化空间结构、提高空间利用效率上来。⑥提供生态产品的理念。人类需求既包括对农产品、工业品和服务产品的需求,也包括对清新空气、清洁水源、宜人气候等生态产品的需求。必须把提供生态产品作为发展的重要内容,把增强生态产品生产能力作为国土空间开发的重要任务。

"主体功能区"思想是我国新时期国土开发的新思路,将我国国土空间按照主体功能来划分是对以往的平均式的区域发展思想的突破。其最大的特点是强调区域的功能定位,以功能凸现特色,将全国统筹与结合地方特色两个带有"悖论式"的发展理念结合起来。今后的国土开发必须按照主体功能区的思想来统筹安排。

(二)区域层面的国土开发:西部大开发

西部大开发是国土开发在我国区域层面的重要应用。西部大开发是针对东西部地区发展差距的历史存在和过分扩大问题而提出的,是对国土空间开发的平衡。1999年3月,江泽民同志提出,要研究实施西部大开发战略,加快中西部地区的发展。1999年11月,中共中央、国务院召开中央经济工作会议,具体部署2000年的工作时,把实施西部大开发战略作为一个重要的方面,这可以看做是实施西部大开发战略的启动。2000年1月,国务院西部地区开发领导小组召开西部地区开发会议,研究加快西部地区发展的基本思路和战略任务,对实施西部大开发战略的重点工作进行全面部署,这可以看做是西部大开发战略实施的全面展开。西部大开发的范围是指西北五省区,陕西省、甘肃省、青海省、宁夏回族自治区、新疆维吾尔自治区;西南五省区市,四川省、重庆市、云南省、贵州省、西藏自治区;广西壮族自治区和内蒙古自治区。

西部大开发总体规划可按50年划分为三个阶段:①奠定基础阶段:从2001年到2010年,重点是调整结构,搞好基础设施、生态环境、科技教育等基础建设,建立和完善市场体制,培育特色产业增长点,使西部地区投资环境初步改善,生态和环境恶化得到初步遏制,经济运行步入良性循环,增长速度达到全国平均增长水平;②加速发展阶段:从2010年到2030年,在前段基础设施改善、结构战略性调整和制度建设成就的基础上,进入西部开发的冲刺阶段,巩固提高基础,培育特色产业,实施经济产业化、市场化、生态化和专业区域布局的全面升级,实现经济增长的跃进;③全面推进现代化阶段:从 2031 年到2050 年,在一部分率先发展地区增强实力,融入国内国际现代化经济体系自我发展的基础上,着力加快边远山区、落后农牧区开发,普遍提高西部人民的生产、生活水平,全面缩小差距。

总体看来,西部大开发已经取得了以下的重要进展和明显成效。以基础设施、生态环境建设为突破口,西部地区发展的基础性问题开始得到解决,交通、水利、能源、通信等重大基础设施条件改善,人民生活水平不断提高,农村生产生活条件得到进一步改善,生态建设得到显著加强,社会事业发展步伐加快,有效地拉动了国内需求。

(三)国土整治的重要实践:流域综合治理

流域是一个生态、社会、经济复合系统,进行治理与开发是遵循从系统整体出发,使系统的整体功能达到最佳。流域治理与开发是以生态经济建设为核心、以农业工程为战场,进行综合开发,使山区经济开发和生态环境建设同步发展,其目标是在有限的土地上解决山区居民的温饱问题。在措施上体现了综合性,考虑经济效益和生态的结合,以实现社会、经济和环境之间的动态平衡;在治理方法和管理手段上,应用航天航空遥感技术、信息管理技术、生物技术及先进的水利工程措施技术和机具,进行坡面、沟道治理和水旱灾害的防治。流域综合治理的指导思想是:①在流域综合治理开发中强调可持续发展,把综合治理开发从环境、资源和社会经济复合统一体的角度加以考虑,以实现社会稳定、经济繁荣和环境保护同步发展的目标。②在流域治理开发中,体现出一个"综合",如从治理开发的途径看,体现了治山和治水相结合、资源开发和生态环境保护相结合,经济效益、生态效益和社会效益相结合;在具体的治理措施上,生物措施和工程措施相结合,乔灌草相结合,大中小型工程相结合等;从手段上看,既包括技术手段,经济手段,又包括政策、法律、教育等手段。流域综合治理开发可以说山、水、田、林、路以及工、交、商、教、科、文等行业综合建设,种、养、加相结合,产、供、商一体化,一、二、三产业全面协同发展。③以经济效益为中心,在治理开发时把经济效益高的资源的培育和开发放在首位,商品意识、市场观念明确,极大地推动了综合治理开发。

六、国土开发的发展方向、发展重点与前景展望

(一)国土开发的发展方向

目前的国土开发研究主要还停留在应用阶段,对于国土开发的理论尚缺乏系统性的研究。因此,可以说,我国目前的国土开发还处在一个较为混乱的状态,国土开发缺乏理论性的指导,只能在不断的实践中摸索。我国未来的国土开发要在总结国外经验和国内实践的基础上,总结出适合我的国土开发模式和空间开发战略,实现国土资源、国土空间和国土环境的有序合理开发。

(二)国土开发整治的发展重点

1. 国土开发整治法律(或规划)体系构建

没有规矩,不成方圆。法律就是"规矩",规划就是"规矩"。国土是有限的,自然是珍贵的,也是脆弱的。国土开发不能一哄而上,完全按照个人的意愿或个别地区的利益,那样将会使自然与环境遭到破坏,根本无法保证经济的可持续发展。要想避免掠夺性开发和无序开发就必须使国土综合开发活动法制化和规范化。日本在战后长期的国土综合开发过程中,逐渐形成了比较完整的国土开发法律体系和规划体系,成为战后日本综合国土开发的重要特色。而目前,我国的国土还处于无序开发的状态,国土开发缺乏法律依据,主要以部门的规划为指导,而部门之间的规划又缺乏衔接性,甚至存在相互矛盾的情况。部门规划之间缺乏准则,最后导致国土的无序开发和重复开发。在国土综合开发过程中,从开发规划的制定,大型项目的决策、论证、立项到具体实施、管理等均有法律规定。国土开发法律体系的建立,使开发有法可依,可以大大减少开发过程中的人为因素。这一点对我国来说,尤为重要。我国在制定有关国土开发法律时,也可以借鉴日本的经验,在制定基本法的基础上,制定区域开发法和其他配套法。因此,目前我国国土开发的重点之一是要明确构建一个国土开发的法律体系或规划体系,尤其是需要一部统筹国土开发的综合性法律或规划,即国土开发基本法或基本规划,《国土利用规划法》和《国土综合开发法》,使国土开发有据可循,规范和指导我国的国土开发活动,从而实现国土的有序和高效开发。

2. 国土开发的战略布局

到目前为止,我国已经经历了30多年的国土开发,国土开发在解决资源短缺、基础设施建设上取得了较好的成绩,但是国土开发也引来了一系列新的问题,最典型的就是由国土开发引起的区域发展不平衡问题。我国最早实行的国土开发战略是"沿海带动内地,先富带动后富",但是,30年过去了,沿海是富了,但是内地的经济发展速度始终赶不上沿海,东中西部之间差距越来越大。如何协调和平衡我国的区域不平衡问题,是我国国土开发下一步需要重点解决的问题。

3. 国土开发整治的模式

日本的历次国土开发,都把合理利用国土资源、保护环境和重视减灾、防灾作为一个重要的课题,只有处理好它们之间的关系,才能保持经济的可持续发展。我国的国土开发已经进入到一个全面开发甚至过度开发的年代。国土资源的过度利用、城市空间的急剧扩张、国土环境的持续恶化在我国国土上随处可见。如何缓解因国土开发而带来的资源环境和生态问题,也是当前国土开发需要重点解决的问题。我国之前实行的"重开发、轻保护"的开发模式不能达到国土资源、国土空间和国土环境的持续开发。因为,未来的国土开发模式的选择对于我国国土和经济的可持续发展均具有重要意义。

(三)国土开发整治的前景展望

展望未来,我国区域尺度的国土开发与整治将进入一个新的阶段。特别是在对区域国土开发与整治规划工作重要性的认识、国土主体功能区规划的编制、国土开发整治的政策调控,以及国土信息的科学管理与国际交流等方面,将发生重大的变化。

我国未来的国土开发整治将达到以下效果:

1. 城乡区域发展更趋协调

农村人口将继续向城市有序转移,所腾出的闲置生活空间将得到复垦还耕还林还草还水,农村劳动力人均耕地将增加,农业经营的规模化水平、农业劳动生产率和农民人均收入大幅提高,城市化地区反哺农业地区的能力增强,城乡差距逐步缩小。人口更多地生活在更适宜人居的地方,农产品主产区和重点生态功能区的人口向城市化地区逐步转移,城市化地区在集聚经济的同时集聚相应规模的人口,区域间人均生产总值及人均收入的差距逐步缩小。适应主体功能区要求的财政体制逐步完善,公共财政支出规模与公共服务覆盖的人口规模更加匹配,城乡区域间公共服务和生活条件的差距缩小。

2. 资源利用更趋集约高效

大部分人口的就业和居住以及经济集聚于大城市群地区和城市化地区,基础设施共享水平显著提高;节能型的轨道交通成为大城市群的主要客运方式并间接降低私人轿车的使用频率;大城市群内将形成相对完整的产业体系,市场指向型产品的运距缩短,物流成本降低;低碳技术和循环经济得到广泛推广,资源节约型和环境友好型社会初步形成。

3. 环境污染防治更趋有效

一定的空间单元集聚的人口规模和经济规模控制在环境容量允许的范围之内,先污染、后治理的模式得以扭转。随着主体功能定位的逐步落实,绝大部分国土空间成为农业空间和生态空间,不符合主体功能定位的开发活动大幅减少,工业和生活污染排放得到有效控制。相对于小规模、分散式布局,经济的集中布局和人口的集中居住将大大有利于污染治理水平的提高。

4. 生态系统更趋稳定

重点生态功能区承载人口、创造税收以及工业化的压力大幅减轻,而涵养水源、防沙固沙、保持水土、维护生物多样性、保护自然资源等生态功能大幅提升,森林、水系、草原、湿地、荒漠、农田等生态系统的稳定性增强,近海海域生态环境得到改善。城市化地区的开发强度得到有效控制,绿色生态空间保持合理规模。农产品主产区开发强度得到控制,生态效能大幅提升。

5. 国土空间管理更趋精细科学

明确的主体功能定位,为涉及国土空间开发的各项政策提供了统一的政策平台,区域调控的针对性、有效性和公平性将大大增强;为各级各类规划的衔接协调提供了基础性的规划平台,各级各类规划间的一致性、整体性以及规划实施的权威性、有效性将大大增强;为国土空间及其相关经济社会事务的管理提供了统一的管理平台,政府管理的科学性、规范性和制度化水平将大大增强;为实行各有侧重的绩效评价和政绩考核提供了基础性评价平台,绩效评价和政绩考核的客观性、公正性将大大增强。

参考文献

［1］陈传康.发展战略和国土开发［J］.地理与地理信息科学,1985(1):2－9.

［2］程潞.关于国土整治的若干问题［J］.经济地理,1982(4):247－251.

［3］方创琳.资源开发(词条).见:孙鸿烈.中国资源科学百科全书［M］.北京:中国大百科全书出版社,
石油大学出版社,2000.

［4］楼惠新,谷树忠.资源开发布局、资源开发时序、资源开发强度(词条).见:孙鸿烈.中国资源科学百
科全书［M］.北京:中国大百科全书出版社,石油大学出版社,2000.

［5］蔡玉梅,顾林生等.日本六次国土综合开发规划的演变及启示［J］.中国土地科学,2008,22(6):
76－80.

［6］伍新木,杨莹.日本国土开发利用及对我国的启示［J］.中国人口资源与环境,2006,16(4):
138－142.

［7］张文忠.日本的国土开发对西部大开发的启示［J］.地理科学进展,2000,19(3):251－258.

［8］陆大道.关于"点-轴"空间结构系统的形成机理研究［J］.地理科学,2002,22(1):1－6.

［9］李晶.点轴系统理论在镇安县县域经济空间格局设计中的应用［J］.陕西师范大学学报(自然科学
版),2008,36(11):89－92.

［10］李树琮,李北方,高天虹著.国土经学:重整山河——中国国土开发整治的理论与实践［M］.济南:
山东人民出版社,2001.

［11］谢光辉,周国华.国土开发与整治［M］.长沙:中南工业大学出版社,1996.

［12］耿香玲.对西藏地区自然资源经济价值的成本收益分析——兼论西藏地区文化产业的发展［J］.西
藏民族学院学报(哲学社会科学版),2005,26(5):40－44.

［13］姜文来.南水北调中线工程的几点思考［J］.经济地理,1996,16(3):48－51.

［14］柴国荣.水资源跨流域配置的经济学分析［J］.西北农林科技大学学报(社会科学版),2002,2(1):
42－45.

［15］潘家华.水资源跨流域配置的资源经济问题研究——以南水北调中线工程为例［J］.自然资源,
1994,(4):7－14.

［16］覃永晖.环洞庭湖区乡村旅游资源的门槛分析与开发对策［J］.中国农学通报,2010,26(8):
366－369.

［17］张家义,钱丽苏.提高管严市场门槛 促进矿产资源勘查开发［A］,资源·环境·和谐社会——中国
地质矿产经济学会2007年学术年会论文集［C］,2007年.

［18］肖金成.优化国土空间开发结构［N］.人民日报,2010,3,9(18).

［19］朱四海.国土开发的历史脉络与国土规划的基本逻辑［J］.发展研究,2010,(9):38－42.

［20］郑度.人地关系地域系统与国土开发整治［J］.地理学报,2008,63(4):346－348.

［21］刘洋.优化国土空间开发格局思路研究［J］.宏观经济管理,2011,(3):19－23.

［22］杨伟民.推进形成主体功能区 优化国土开发格局［J］.经济纵横,2008,(5):17－21.

［23］曾倩炎.推进形成主体功能区 促进区域协调发展［J］.求是杂志,2008,(2):15－18.

［24］李洪良.当前我国国土整治工作存在的问题及对策［J］.黑河学刊,2007,(5):35－36.

［25］卢晓峰,刘战豫等.国土开发整治工作浅议［J］.焦作工学院学报(社会科学版),2004,5(4):
283－285.

[26] 方磊.国土开发整治和国土规划——在中国国土经济学研究会经济活动周的讲话[J].经济学与国土研究,1985,1(4):3-8.

[27] 申玉铭,毛汉英.国外国土开发整治与规划的经验及启示[J].世界地理研究,2004,13(2):33-39.

[28] 吴守恒,秦明周等.河南省国土整治管理体制研究[J].安徽农业科学,2009,37(21):10201-10211.

[29] 王佳男.我国国土开发整治法体系的立法构想[J].商业文化(上半月),2011,(7):19.

[30] 梁海燕.我国国土整治中存在的问题及法律对策[J].甘肃农业,2007,(2):47-49.

[31] 代轶.我国欠发达地区国土整治问题探析[J].陕西理工学院学报(社会科学版),2008,26(1):24-27.

[32] 樊杰.我国主体功能区划的科学基础[J].地理学报,2007,62(4):339-350.

[33] 魏后凯.对推进形成主体功能区的冷思考[J].中国发展观察,2007,(3):28-30.

[34] 高国力.如何认识我国主体功能区划及其内涵特征[J].中国发展观察,2007,(3):23-25.

[35] 王倩.主体功能区绩效评价研究[J].经济纵横,2007,(7):21-23.

[36] 张孝德.建立与主体功能区相适应的区域开发模式[J].国家行政学院学报,2007,(6):34-37.

[37] 邓玲,杜黎明.主体功能区建设的区域协调功能研究[J].经济学家,2006,(4):60-64.

[38] 延军平,王腾等."3I"土地整治模式探讨[J].中国土地,2011,(8):56-57.

[39] 鲁建平.当前我省农村土地整治现状、问题及对策[J].浙江国土资源,2009,(9):18-21.

[40] 洪土林,王艳华.公众参与土地整治的必要性[J].河北农业科学,2009,13(11):111-112.

[41] 陈雪骅.国内土地整治模式纵览[J].国土资源导刊,2009,(8):20.

[42] 吴刚,苑晓志.辽宁省农村土地整治模式及政策思考[J].国土资源,2009,(11):40-43.

[43] 陈沉.民间资本如何参与土地整治[J].中国土地,2011,(2):42-43.

[44] 何英彬,陈佑启等.农村居民点土地整理潜力研究方法述评[J].地理与地理信息科学,2008,24(4):80-83.

[45] 杨逢勃.农村土地整治项目后评价研究——基于南川区龙川江流域土地整治项目的实证[D].西南大学,2011.

[46] 李庆强.农民参与土地整治的程序设计[J].中国土地,2011,(6):13-14.

[47] 石宇.省域土地整治规划环境影响评价研究[D].江西农业大学,2011.

[48] 张正峰,陈百名等.土地整理潜力内涵与评价方法研初探[J].资源科学,2002,24(4):43-48.

[49] 曲欣,施振斌.土地整治规划环境影响评价研究[J].宁夏农林科技,2011,52(7):77-78,86.

[50] 赵建宁,洪土林.我国土地整治公众参与现状分析[J].江西农业学报,2010,22(4):204-206.

[51] 邓京虎,游黎等.运用集对分析法对土地整治项目综合评价研究[J].安徽农学通报,2011,17(17):41-43.

撰稿人:周　洪

国土安全评价理论与方法新进展

一、引 言

国土安全是最重要的国家安全领域,既有国家主权不可侵犯的传统安全含义,亦有包括国家资源安全、生态安全、环境安全等非传统安全的含义。国土安全的理念正在全面形成,并越来越深刻地影响国家重大战略决策,对国际关系及其格局亦有重大影响。国土安全评价,是建立国土安全保障体系、进行国土安全科学决策的不可或缺的重要基础,加强国土安全评价具有广泛而迫切的现实需求,同时也对丰富和完善国土经济和国土管理的理论与方法有重要的贡献。进入 21 世纪以来,我国国家安全意识日益增强,对包括国土安全在内的国家安全的关注程度和研究深度不断提高,包括国家资源安全评价、国家生态安全评价、国家环境安全评价等在内的国土安全评价的理论和方法,取得了显著进展,极大地丰富了国土经济学的内容和应用。

二、国土安全及其评价的简要发展历程

国土安全是冷战结束之后提出的新概念,尤其是在"9·11"事件之后,非传统安全问题成为国土安全的最主要的威胁。随着全球化进程的加速,各类国土安全新问题不断涌现,国土安全的研究在原先政治、军事、外交等传统安全基础上,增加了反恐、防止大规模杀伤性武器扩散、非法移民、跨境犯罪,以及资源(能源)安全、环境安全、生态安全、金融安全、信息安全等许多新的内容。本专题研究将围绕国土安全及其评价这一主线,重点对国土安全评价的新理论和方法近年来的进展进行系统的梳理,重点围绕国土安全中的资源(能源)安全、生态服务功能评价、国土自然灾害评估和预警方法、气候变化对国土安全的影响等相关问题展开论述。

国土安全,是指一国的国土要素,包括资源、生态、环境、交通、金融、通讯等对国家经济社会良性发展的保障程度以及免遭外界侵害的可能性大小。重视保护人民、重大基础设施、国家财产和经济,避免因恐怖主义、自然灾难等受到危害,是国土安全中体现的核心理念。

(一)国土安全与国家安全

国土安全与国家安全密切相关,一般而言,保卫国土安全是各国国家安全战略的核心,国土安全是国家安全的起点和归宿。但两者又有区别,相对于国家安全概念,国土安全更重视可能发生或发生在国境内部的重大事件或灾难的防范与应对。从参与程度和应对手段来看,国家安全一般发生在国家与国家之间,由政府通过外交、经济、军事等手段应对,而国土安全的参与者包括国家、国际组织、非政府组织,应对手段也显得更为广泛和多

样化,且更注重于经济、技术、法制等手段。

(二)国土安全与传统和非传统安全

通常,安全分为传统安全和非传统安全。传统安全主要指以国家为基本出发点和中心参照点,找出维持一个国家的生存所必须面对以及可能预见的威胁,提出应对这些威胁的有效手段[1],主要体现在军事安全、政治安全和外交安全等方面。非传统安全,主要指传统的军事、政治安全之外的一些安全类型,它们更多地属于全球经济相互依存带来的一些新矛盾、新问题和新威胁,是对应于在军事、政治领域之外的经济、社会、文化、环境、生态、信息等更广泛领域发生的大量严重危及国家与人类社会整体生存与发展的威胁和危险,形成区别于传统安全的理论关注和现实关注。如生态环保领域引发的安全问题,失业、难民、流动人口和城市化进程造成的国家失序现象等[2]。

显然,国土安全与传统安全和非传统安全均有交叉,如国土安全中的资源安全、环境安全、生态安全等属于非传统安全的范畴;同时,也包括更具国家主权色彩的领土、领空和领海等传统安全[3]。但国土安全更注重空间性,这也使传统和非传统安全中的一些内容游离于国土安全之外,如跨国间的社会犯罪,属于非传统安全,但并不属于国土安全。

具体到某一国家,国土安全所体现的内容上也会有差异。对于美国来说,防范重大灾难、防止大规模毁灭性武器扩散是美国国土安全的关键性内容,而资源安全、环境安全等的重要性相对降低。但对于处在经济高速发展、资源耗费巨大、环境污染严重、生态系统严重退化的中国而言,资源安全、环境安全和生态安全等在国土安全中占据更为重要的地位。

(三)国土安全评价总体态势

国土安全评价是国土安全研究的重要领域,其评价结果对制定和调整一国的国土安全政策具有战略性意义。国土安全研究的学科基础囊括了国际政治经济学、安全科学、资源科学、环境科学、生态学等众多学科。国土安全日益成为了相关交叉学科研究的热点。目前,学者们在国土安全评价中的资源(能源)安全、环境安全和生态安全评价等研究领域取得了显著成果,国土安全的评价方法、原则和指标体系等已初步建立,并对我国当前资源、环境和生态安全态势进行了评价和分析,极大地推进了我国在国土安全评价领域的研究工作。

近年来随着海洋石油资源开发对海洋生态系统的影响,以及气候变化对沿海城市、水资源安全的影响等日益显著,海洋国土安全问题越来越受到重视。海洋领土争端对中国国家安全的威胁,随着东海和南海问题的不断升温,有愈演愈烈之势。

随着气候变化问题深入到政治、经济和社会的各个方面,气候变化已经成为国际关系中焦点问题,并成为世界地缘政治格局演变的重要驱动力因子和影响国土安全的重要因素,其对国家总体战略和经济社会发展的影响也越发显著,它对国土安全的现实和潜在影响不可低估。

随着汶川地震、舟曲泥石流和南方冰雪灾害的发生,以及近年来不断加重的干旱和洪涝,自然灾害对国土安全的影响日益凸显,自然灾害造成的人员和财产损失越来越严重。

自然灾害的评估、预警等方面的研究工作,也是国土安全研究工作的重点。

三、国土安全评估重点领域研究进展

(一)生态系统服务功能评估进展

生态系统服务功能被认为是从生态系统中获取的效益[4],其来源既包括自然生态系统,也包括人类改造的生态系统;生态系统服务功能包含了生态系统为人类提供的直接和间接的、有形和无形的效益。需指出的是,生态系统服务和生态系统功能这一对概念的区分,对于准确理解生态系统服务功能十分重要。生态系统功能是生态系统结构的外在表现,是其固有属性。而生态系统服务则是建立在生态系统功能之上的,是人类能够从中获取的生态系统功能[5]。生态系统服务功能可分为供给功能、调节功能、文化服务和支持功能等[6]。

我国生态系统服务功能价值评估研究源于 20 世纪 80 年代初开始的森林资源价值核算研究工作。从 90 年代开始,我国的生态学者开始系统地进行生态系统服务功能及其价值评价的研究。初期的研究集中在对国外生态系统服务功能概念、内涵和评估方法等成果的介绍及理论探讨,而后则开始对不同尺度不同类型的生态系统服务功能进行评估。近年来的研究进展侧重于两个方面,即不同区域和不同类型生态系统服务功能评估、生态系统服务功能评估的应用性研究。

1. 生态系统服务功能价值评估显现三大动向

迄今为止,我国学者已展开了从全球、省域、县域等不同尺度的生态系统服务功能评估,所涉及的生态系统类型涵盖草地、森林、湿地、农田、城市、河流等诸多类型,评估成果颇为丰富。现今的研究有三个新动向。

一是生态系统服务功能的价值评估从直接价值评估扩展至间接价值,如赵同谦等[7]、张永勋等[8]分别评价了草地和森林生态系统服务功能的间接价值。

二是从静态生态系统服务功能的评估延伸至时空变化与驱动机制研究,元媛等[9]探讨了河北省 38°N 生态样带中生态系统服务功能的时空变化,刘晓辉等[10]以小三江平原为案例研究区,揭示了该区湿地生态系统服务功能变化的驱动力。

三是从单一区域转变为不同区域生态系统服务功能的对比研究。例如,张丹等[11],对浙江省青田县和贵州省从江县的稻鱼共生系统生态服务功能价值进行了比较分析。

2. 应用领域进一步拓展

随着评估成果的日趋丰富和多元,如何将之应用至社会经济管理中,已成为当前生态系统服务功能研究的一个重点。现阶段生态系统服务功能评估的应用研究,主要体现在 4 个方面:①进行生态系统服务功能的区划研究,如吴锋[12]等构建了生态系统服务功能动态区划系统,并将之用于锡林郭勒盟的区划。②将生态系统服务功能评估的成果用于其他领域中,如土地利用规划[13]。③关注具体工程建设对生态系统服务功能的影响。其中,尤以水电开发最受关注,如陈敏等[14]讨论了雅砻江水电站开发对生态系统服务功能的影响。④逐步重视对生态系统服务功能的支付意愿研究,如黄蕾等[15]以洪泽湖为研究对象,运用条件价值法,对生态系统服务功能的支付意愿进行了问卷调研。

3. 评估方法逐步规范和完善

在20余年的研究过程中,我国生态系统服务功能评估已形成了系列方法和模型。李文华等[5]对10种常见的生态系统服务功能评估方法进行了评介,包括市场定价法、生产率法、人力成本法、疾病成本法、机会成本法、享乐成本法、旅行费用法、防护成本法(重置成本法、替代成本法)、意愿调查法、意愿选择法、成果参照法。同时,还介绍了生态系统服务功能价值的非货币评估方法(表1)。刘玉龙等[16]遴选出了主要的生态系统服务功能评估方法,对其进行优缺点分析,并提出生态系统功能价值评估方法选择应根据先直接市场法、再替代市场法、最后模拟市场法的基本原则进行。近年来,也有将层次分析法和模糊数学方法应用到生态系统服务功能评估研究工作中。从整体上看,我国生态系统服务功能价值评估方法正处于从学习、模仿向渐进成熟阶段过渡。

表1 主要生态系统服务功能价值评估方法的比较[16]

分类	评价方法	优点	缺点
直接市场法	费用支出法	生态环境价值可以得到较为粗略的量化	费用统计不够全面合理,不能真实反映游憩地的实际游憩价值
	市场价值法	评估比较客观,争议较少,可信度较高	数据必须足够、全面
	机会成本法	比较客观全面地体现了资源系统的生态价值,可信度较高	资源必须具有稀缺性
	恢复和防护费用法	可通过生态恢复费用或防护费用量化生态环境的价值	评估结果为最低的生态环境价值
	影子工程法	可以将难以直接估算的生态价值用替代工程表示出来	替代工程非唯一性,替代工程时间、空间性差异较大
	人力资本法	可以对难以量化的生命价值进行量化	违背伦理道德,效益归属问题以及理论上尚存在缺陷
替代市场法	旅行费用法	可以核算生态系统游憩的使用价值,可以评价无市场价格的生态环境价值	不能核算生态系统的非使用价值,可信度低于直接市场法
	享乐价格法	通过侧面的比较分析可以求出生态环境的价值	主观性较强,受其他因素的影响较大,可信度低于直接市场法
模拟市场法	条件价值法	适用于缺乏实际市场和替代市场交换的商品的价值评估,能评价各种生态系统服务功能的经济价值,适宜于非实用价值占较大比重的独特景观和文物古迹价值的评价	实际评价结果常出现重大的偏差,调查结果的准确与否很大程度上依赖于调查方案的设计和被调查的对象等诸多因素,可信度低于替代市场法

4. 生态系统服务功能评估的问题与展望

整体而论,我国生态系统服务功能评估研究已取得了较大进展,评估方法基本成型、成果涵盖了不同尺度不同类型生态系统服务功能,且成果的应用指向不断增强。但由于生态系统结构和功能的复杂性,数据获取的困难性,使得生态系统服务功能评估研究仍有很多问题需要进一步完善,如评估指标选取的随意性,不同研究者选取的指标有很大的差异,赋值也存在很大的主观性,评价方法不一致及重复计算,计算结果的不确定性,以及结果之间缺乏可比性等。今后的研究需促进评估的动态化、标准化和应用化。所谓动态化,是指对生态系统服务功能价值的评估不仅需要评价其现状和构成,还应评价其时空变化和驱动力的变动、对外来压力的敏感性。应通过对生态系统的长期定位观测和模拟实验,通过情景分析和动态模型的模拟,对生态系统服务功能及其价值变化做出预测或回顾评价。所谓的标准化,就是要对生态系统服务功能评估的数据来源、评估指标体系、评估公式等进行规范,对于不同的生态系统,制定相应的评价指标体系和规范的评估方法。所谓应用化,是指需将评估成本纳入决策构成,并使之制度化和规范化。同时,需及时评估重大生态工程建设对生态系统服务功能的影响,以维持生态系统服务功能的良性发展。

(二)国土自然灾害评估与预警研究进展

近年来,频发的自然灾害,如 2008 年汶川地震、2009 年低温冰冻雨雪灾害等给社会经济发展产生了严重的冲击。随着人类活动的不断加剧和蔓延,自然灾害对社会经济系统的破坏性急剧上升。由此,国土自然灾害已从原有的自然问题变成国土安全问题,严重影响和威胁着人类的正常生产生活。如何在原有致灾因子属性和成灾机理研究的基础上,系统展开对国土自然灾害的评估并提出预警和防止对策,是目前国土安全研究领域的一个热门问题。

一般认为,自然灾害是自然因素的变异程度超过人类社会的承受或适应能力,从而影响人类生命财产和生存条件安全的事件。目前关于国土自然灾害评估的研究,集中在自然灾害风险评估、自然灾害损失评估两个方面。前者侧重于对自然灾害自身属性的研究,关注灾害形成的概率和影响范围,后者则将灾害的自然属性与社会经济系统相结合,诊断自然灾害产生后对人类社会经济活动的影响。关于自然灾害预警的研究,则侧重于预警体系建设、预警等级划分以及预警能力建设等方面。

1. 国土自然灾害风险评估方法日渐丰富,风险定量化表达已成趋势

我国自然灾害风险评估研究工作起步较晚,随着"国际减灾十年(1990—2000)"活动的开展,自然灾害风险评价的研究才得到重视。国内自然灾害各领域的学者,如地震、气象、水利、农林等,分别对地震、滑坡、泥石流、干旱、洪水、台风等多种自然灾害进行了区域性乃至全国性的风险分析,形成了多灾情多尺度的自然灾害风险评估成果。

随着自然灾害风险研究的不断深入,其评估方法日渐丰富并日趋定量化。目前已有一些学者针对自然灾害的评价方法进行了较为系统的总结和梳理,如张继权等[17]曾对国内外气象灾害风险评价的数量方法进行评价,葛全胜等[18]在《中国自然灾害风险综合评估初步研究》一书中对自然灾害致险程度、承灾体脆弱性及自然灾害风险损失度等方面的

评估方法做过评述。尽管这些方法因灾种不同而有所差别,但总体来看,数学方法应用及风险定量化表达已成趋势。叶金玉等[19]对自然灾害风险评估的主要数学方法进行了汇总,对其主要针对灾种的类型,评估单元,数据源和原理等进行了概要性评价和比较(表2)。

表 2 自然灾害风险评估数学方法综合比较[21]

评估方法	针对灾害类型	评估单元	数据源与原理	评价
概率统计	台风、暴雨、洪灾、泥石流、地震等	县、省或未划分	历史灾情数据。针对自然灾害的随机性,根据历史观测样本估计灾害发生的概率,应用统计方法(极大似然估计、经验贝叶斯估计、直方图估计等)拟合概率分布函数	由于小样本分析结果多不稳定,甚至与实际状况出入很大,故要求历史样本容量应达30个以上
模糊数学	综合气象灾害、洪灾、泥石流、地震、综合地质灾害等	县(市)或未划分	历史灾情、自然地理、社会经济统计等数据。根据模糊关系原理,将一些边界不清而不易定量的因素定量化并进行综合评价,通过构造等级模糊子集(隶属度),将反映自然灾害风险的模糊指标进行定量化并利用模糊变换原理综合各指标	能较好地分析模糊不确定性问题,是多指标综合评价实践中应用最广的方法之一,但在确定评定因子及隶属函数形式等方面具一定的主观性
基于信息扩散理论	低温冷害、台风、暴雨、洪灾、旱灾、地震、火灾等	县(市)、省或未划分	历史灾情、自然地理、社会经济统计等数据。这是一种基于样本信息优化利用并对样本集值化的模糊数学方法,遵循信息守恒原则,将单个样本信息扩散至整个样本空间	简单易行,分析结果意义清楚,但对扩散函数的形式及适用条件、扩散系数的确定等尚待进一步探讨
层次分析	综合地质灾害、洪灾、滑坡、草原火灾等	县(市)或网格单元	历史灾情、自然地理、社会经济统计等数据。这是一种将定性分析与定量分析相结合的系统分析方法,它利用相关领域多位专家的经验,通过对诸因子的两两比较、判断、赋值而得到一个判断矩阵,计算得到各因子的权重值并进行一致性检验,为评估模型的确定提供依据	思路清晰且系统性强,所需定量数据较少,对问题本质分析得较透彻,颇具实用性
灰色系统	综合地质灾害、风暴潮、洪灾等	县或网格单元	历史灾情、自然地理等数据。该方法将自然灾害系统视作灰色系统,应用灰色聚类法划分灾害风险等级	算法思路清晰,过程简便快捷而易于程序化,但争议颇大,国外研究较少运用该方法

评估方法	针对灾害类型	评估单元	数据源与原理	评价
人工神经网络	洪灾、泥石流、雪灾、地震、综合地质灾害等	县（市）或网格单元	历史灾情、自然地理、社会经济统计等数据。选定典型评估单元（训练样本），输入经过处理后的风险影响因子的数值对网络进行训练，获得网络权值及阈值；然后将其余单元的数据输入训练后的神经网络进行仿真，即获得各个单元的风险度	基于数据驱动，可较好地避免主观赋权引起的误差，但因收敛速度慢可能影响学习速率而导致训练结果存在差异，且不易说明各参数的作用及其关系
加权综合评价	台风、暴雨、洪灾、综合地质灾害、生态灾害、草原火灾等	县（市）或网格单元	历史灾情、自然地理、社会经济统计等数据。根据影响自然灾害风险诸因子的表现确定其权重，形成加权的综合量化指标以完成对评价对象的评价	易于操作，适于对技术、决策或方案进行综合评价和优选，运用广泛，但需注意规避指标赋权的主观性

2. 空间和信息技术在国土自然灾害风险评估中广泛运用

地理信息系统（GIS）与遥感技术（RS）在自然灾害风险评估领域也得到了广泛运用，且多与风险区划相结合。例如，周成虎等[20]在对影响洪灾的各主要因子分析的基础上，构建了基于 GIS 的洪灾风险区划指标模型，并完成了辽河流域洪灾风险综合区划。张斌等[21]建立了基于 GIS 的台风灾害评估系统，可为台风灾害风险预测、评估以及减灾防灾的指挥决策提供支持。GIS 和 RS 技术在旱灾、地质灾害、综合气象灾害等风险评估方面也得到了较为广泛的运用。

3. 国土自然灾害损失评估从评估指标发展到广泛使用数学模型

从 20 世纪 90 年代开始，灾害损失评价工作取得了显著的进展，其中尤以马宗晋等对自然灾害损失评估指标体系的研究最具代表性和影响力。马宗晋等[22]提出了灾度和灾损率的概念，并对其进行了等级的划分，建立了较为完整的自然灾害损失评估指标体系。此后，关于灾害损失等级划分的研究进一步深入，灾害损失评估的新方法和新技术大量涌现。

王晓青等[23]提出了基于宏观经济指标的地震灾害损失评估方法，根据我国 1989—2004 年地震现场灾害调查资料重新确定的地震易损性模型，对 2008 年汶川地震发生后的地震损失进行了快速评估。目前对一些脆弱性或特殊性区域的灾害损失评价成果也屡见于文。殷杰等[24]从社会损失和经济损失两个方面建立了沿海城市自然灾害损失分类体系，社会损失包括人员损失、社会活动、社会发展等方面，经济损失包括直接和间接损失，并在此基础上提出了各种损失的评估方法。还有学者对城市产业区的灾害损失评估方法进行了探讨[25]。

自然灾害的间接损失越来越受到学界的重视。较之直接损失，自然灾害导致的间接损失受灾前经济发展水平、灾种差异、灾后恢复重建策略、灾害管理水平和灾害保险体系完善程度等复杂因素的影响,评价难度较大,故目前尚无有效的灾害间接损失评估方法。吴吉东等[26]对已有的评价间接经济损失的方法进行了整理,认为从简单的案例描述到回归和时间序列分析,再到区域联立方程、投入产出模型、区域计量经济模型和随后的可计算一般均衡模型(表3),评价方法已有明显的发展。还有一些学者针对某一具体灾种进行了具体研究,如洪灾[27]、地震[28]、泥石流[29]等。

表3 灾害间接经济损失评估方法的优缺点对比[28]

方法	优点	缺点
比例系数法	• 简单易操作	• 科学性不好把握,且可重复性差
投入产出法	• 反映经济流的交互作用,易理解 • 计算灾害对经济造成的扰动及产生的连锁反应和波及效应 • 部门联系清晰	• 不能/很难估计价格变化造成的影响 • 基于诸多假设,如假定灾后部门之间的产品交换和灾前模式一样,与实际经济情况有一定距离 • 只是从需求方面估计灾害的影响,且是线性模型 • 经济弹性考虑不足,模型估计的损失值可能过大
可计算一般均衡模型	• 非线性,更贴切反映真实的世界 • 模型的方程框架可以明确考虑到灾后的生产替代和价格弹性问题,反映了经济的恢复力 • 不同部门的替代和价格弹性以及技术水平可以不同(方程嵌套) • 考虑经济系统供给和需求方生产力水平、就业等更广泛的影响	• 消费者和生产者的优化方案问题上存在争议 • 校准需要从外部获得弹性制,所以区域CGE模型依赖于国家和国际研究的弹性,此弹性可能无可比性 • 大多数CGE模型适于长期均衡分析(模型建立在充分的投入和产出替代弹性上,并无限制地调整至均衡) • CGE校准不足常常导致过度的弹性响应,从而低估灾害对经济的影响,使灾害损失计算的结果偏低
计量经济模型	• 模型可以估计经济从投资到经济利益产出的时间响应 • 模型可以反映灾害对经济影响的进度表	• 模型至少需要25～30年的历史数据,模型不像投入产出模型那样容易获得企业采用、总产值的全部历史数据 • 历史的贸易模式,未必能获得供给破坏的本质特征 • 模型受过去经济关系的本质约束,不能预测经济事件或经济活动可能发生的变化

4. 国土自然灾害的预警分析侧重于典型灾害的预警和重点部门的预警研究

国土自然灾害的预警研究,对规避和减少灾害的损失具有重大价值。经过多年的努力,我国已建立了针对不同灾害类型的监测系统,如气象灾害监测与预警系统、地震观测台网的基础建设、全国地壳运动监测网、风暴潮监测、赤潮监测与预警系统等,为灾害预警提供了扎实的基础。目前的研究侧重于典型灾害预警和部门灾害预警两个方面。

典型灾害预警研究。主要开展了山洪泥石流、气象、洪涝等自然灾害的预警研究。周金星等[30]比较系统地梳理了国内外最具典型的山洪泥石流灾害空间预报技术、时间预报技术以及预警系统开发等预报预警技术。崔晓飞等[31]以地市级气象灾害预警发布系统为例,从基于卫星资料云顶亮温反演模式的灾害预警、自动站数据监测自动报警、预警信息发布方式等方面阐述了系统的建设使用情况。在洪涝灾害预警方面,有学者基于气象预测数据,在对中国洪涝灾害危险性进行评估的基础上,结合危险区内人口分布、交通设施等基础数据,对可能发生的洪涝灾害发出预警与预测[32]。除了综合预警外,还有学者以风暴潮预警为例,从经济预警的角度,建立了灾害经济预警模型,并对预警指标与灾情之间的联系进行探讨[33]。

部门灾害预警研究。近年来一些学者聚焦于一些易受自然灾害影响且关乎生产生活全局的部门,探索这些部门的灾害预警体系。其中,尤以农业和交通部门的灾害预警研究成果最多。王春乙[34]等对近10年来农业气象预警技术进行了梳理,提出目前农业气象灾害预报多是在灾害指标基础上,应用时间序列分析、多元回归分析、相似等数理统计方法建立预报模型,并尝试将农业气象模式与气候模式相结合,综合运用GIS和网络等高新技术。在此基础上,杨志勇等[35]进一步探讨了农业干旱预警的研究进展。在交通领域,铁路和高速公路等长距离快速交通类型的自然灾害研究受到了重视。张于心等[36]基于铁路自然灾害发生的特点,在进行客观概率的估测和采用适应应答变化的指数平滑法来预测铁路受灾损失的基础上,给出风险度的确定方法,进而以划分出安全区、警戒区和危险区来实现铁路自然灾害的宏观预警。朱兴琳等[37]构建了由通行车辆、道路环境、营运管理和社会救援等4个方面构成的高速公路交通灾害预警指标体系,提出了预警分级标准,运用未确知测度理论对新疆高速公路进行了预警分析。

5. 国土自然灾害评估与预警研究展望

未来在国土自然灾害风险评估研究方面,将从单一灾种评价扩展至综合评价,包括多灾种的综合评估以及由某种灾害引起的整个灾害链的综合评估。在技术应用上,多源遥感数据和全天候遥感技术得到更为广泛的运用,以避免受时相或天气影响时单一遥感影像无法满足需求的情况产生。从风险评估的尺度上来看,已有研究多集中在全国和大尺度,其结果过于宏观而缺乏操作性,未来的研究更加关注中小尺度的研究。事实上,国外已出现社会灾害风险评估的研究,这值得我国在后续灾害风险评估研究中加以借鉴。

在自然灾害损失评估方面注重补偿机制研究。随着灾害发生频率的增加和灾害造成损失的日趋显著,如何在合理评估灾害损失的基础上,建立有效的补偿机制已成为目前研究的一个新趋向。未来可以设计出多种补偿机制,如政府诱导型的自然灾害补偿模式[38],以及由政府紧急救助、保险公司补偿、社会捐赠等有机组合的多维救灾机制,其中保险补偿应当成为新型救灾机制中的主体部分[39]。

在灾害预警研究方面关注效益研究。鉴于已有研究侧重于对灾害预警的指标体系和系统的研究,而对预警效益关注较少,一些学者开始着眼于特定灾害预警的效益评估,以弥补现有研究中的不足。吉莉等[40]提出可从预报准确率、预报时效、预报服务覆盖率、灾害可预防能力等4个方面对灾害预警效益进行评估,并建立了暴雨预警气象服务效益的数学评估模型。王志杰[41]则从经济效益、社会效益、社会化服务功能3个方面构建了地质灾害工程的多目标综合效益评价体系,并以华北平原地面沉降调查与监测项目为例,进行了预警效益评估。

(三)能源(石油)安全评价进展

石油作为一种重要的能源,是现代经济的命脉,是支撑一个国家经济发展最重要的能源之一。石油安全问题引起关注,主要是20世纪90年代中期之后,中国石油对外依存度的不断增加,石油安全问题引起了学者、社会和决策层的广泛关注。对中国来说能源安全主要就是石油安全问题。在现代社会中,石油安全已经不是一个纯粹的经济问题,而是一个涉及国家的政治安全、经济安全和社会安全的公共安全问题。虽然迄今学界对"石油安全"并未形成统一的定义,但总体上,大家都认为,石油安全应该满足以下3个基本要求:充足稳定的石油供应、安全的石油运输和合理的石油价格。

1. 能源安全理念发展

从早期的注重能源供应的安全,到把能源运输和能源使用安全归入国家能源安全战略框架之中,并强调从传统安全与非传统安全相结合的角度考虑石油安全问题。从石油安全的理念演变来看,传统的石油安全观强调充足、稳定的供应和合理的价格,更多关注石油供应的安全问题和石油价格的波动问题,对石油运输安全性注意不够。单一的海上运输方式和对重要海峡的过度依赖,成为中国石油安全关键性的潜在威胁。运输方式多元化,增加陆上油气管道,成为中国能源安全战略的重要组成部分。能源供应链的安全,应该是与"保持资源稳定供应"、"保持合理价格"同等重要的内容。运输安全是国家能源安全的前提和保障。因此,运输风险就成为石油安全评估的主要内容[42]。

更加注重石油使用安全问题。近年来,石油安全理念的发展,使得我国对石油使用的安全性更加关注。关于能源使用的安全性,主要是能源利用对环境的影响,尤其是随着对全球气候变化问题的持续关注,能源利用中的环境安全成为能源安全战略的重要组成部分。石油安全不仅要关注供应、运输安全和价格的合理,而且要关注石油消费过程中的安全问题,也就是使用过程对环境的影响。

从传统安全和非传统安全相结合的角度考虑石油安全问题。在石油安全研究和石油安全手段选择中,我国更多是关注非传统安全因素对石油安全的影响,所采取的措施也倾向于非传统安全,而预防石油供应中断这种更多是与传统安全相关联的问题[43]。目前中国石油安全战略研究已经发生了转变,除了关注增加进口来源,增加运输通道等非传统安全手段外,也通过积极加强海军建设,利用传统安全手段来增强对运输通道安全的保卫能力。

2. 石油安全评价方法进展

研究方法从早期的定性分析,到单指标、多指标定量分析,再到运用复杂性科学的理论对石油经济安全系统进行分析[44]。近年来,也使用基于支持向量机[support vector machine(SVM)]的方法,建立了石油安全评价指标和石油安全预警系统。与应用较多的层次分析法及模糊评价等方法相比,SVM去除了更多的主观成分,与神经网络等方法相比,分类面简单,拟合精度高[45]。

权重选择的新方法应用广泛。指标的权重从最初由作者人工赋值,发展到德尔菲法、层次分析法、灰色系统、模糊数学、主成分分析法。德尔菲法受专家个人学科背景、知识水平和价值判断标准的影响较大。层次分析法是在建立主观比较指标重要性后,在对顺序赋值的基础上计算出指标的权重,依然带有主观的色彩,因此刘建平等[46]认为层次分析法确定的权重只能用于排序,不能作为比率权重。相比于层次分析法,主成分分析法更加客观,更适合石油安全评价指标体系的权重确定。

石油安全综合评估,由简单加权平均法,到多目标线性加权函数法,再发展到人工神经网络法。

从被动的安全评估到积极的预警研究。除建立石油安全评价指标体系进行评估外,也有将石油安全评价与预警系统结合起来进行研究。预警也从单指标[47],到多指标[48],到综合运用主成分分析、自回归和K均值聚类[49],以及运用改进的BP神经网络方法建立中国能源安全预警模型[50]。

(四)矿产资源安全评价理论与方法进展

随着能源安全评估研究工作的开展,对重要战略性矿产和大宗矿产安全评估工作也随之展开。

1. 矿产资源安全综合评估方法的进展

矿产资源安全评估采用指标体系为主要评估方法。虽然不同的学者有不同的观点,但研究的主要思路基本一致,即首先分析资源安全影响因素,从每种影响因素中筛选出单项指标,然后建立矿产资源安全评价体系,最后采用专家打分、层次分析、模糊数学、主成分分析等方法,依据影响因素对矿产资源安全进行综合评判。综合来看,研究的主要不同之处在于对矿产资源安全影响因素的不同分析,指标选取的侧重点也不尽相同。例如,王礼茂[51]在分析影响资源安全5个主要因素的基础上,选择14项指标,组成资源安全的评估指标体系;张大超等[52]考虑资源、政治、经济等影响因素,构建了矿产资源安全评价指标体系;胡小平[53]则设计了两套指标,分别是针对某一矿种的国别评价指标体系和针对一国的矿种评价指标体系;邓光君[54]则从持续供给与稳定需求两方面来刻画国家矿产资源安全;谷树忠等[55]借鉴联合国可持续发展评价的PSR模型,利用层次分析法(AHP)建立国家层面的资源安全PSR评价指标体系;贺庆平[56]从资源与环境安全、经济安全和可持续发展三个方面来分析评价矿产资源安全。

从本领域有关的研究状况看,这些研究提供了矿产资源安全评估研究的方法论指导、指标分类标准借鉴及具体指标参照,但是最核心的评估指标的选择标准以及操作化问题研究较为宏观和笼统,难以成为矿产资源安全政策的可靠依据和执行方案。因此,指标体系的科学化、标准化和操作化问题应是当前研究的难点。

2. 重点矿种的安全评估

矿产资源安全评估,原先主要是对矿产资源总体安全状况进行综合的评估,近年来,也有针对金属矿产资源安全状况进行评价,如田惠敏[57]使用主成分分析法与聚类分析法,运用消费量与产量之比、对外依存度、供应方集中度等评价指标评价了我国金属矿产资源安全。以及对我国有色金属矿产资源安全现状进行的研究[58]。针对铁矿石价格不断上涨对中国钢铁工业的影响,有关铁矿石资源安全的研究相应开展起来[59]。也有针对我国大宗性矿产资源日渐紧缺的局面,选取资源可采储量、资源储采比、资源自给率、资源进口份额、资源进口集中度等 5 个指标对我国大宗性矿产资源安全性进行综合评价的研究[60]。

(五)气候变化与国土安全

当今世界,气候变化问题已经不再是纯粹的环境问题,随着全球气候变化问题越来越受到国际社会的广泛关注,气候变化已经上升到国家安全的高度,成为影响国土安全的重要非传统安全因素。

1. 气候变化成为影响国土安全的新因素

随着对气候变化问题认知的深化,气候变化对国土安全的影响日益凸显。气候变化引发的危机,可能导致一些国家政府的倒台、恐怖主义组织的滋生,甚至引起整个地区局势动荡。探讨气候变化对国家安全的影响是近年来全球气候变化研究的新趋势。美欧等发达国家已经将气候变化问题提升为事关国家长期发展的政治、经济和社会问题,并把应对气候变化战略看成国家战略。美国从 2003 年就完成《气候突变的情景及其对美国国家安全的意义》的秘密报告,2007 年美国海军分析中心发表了《国家安全与气候变化威胁》报告,认为气候变化对美国国家安全的影响主要在以下几个方面:①气候变化导致地区局势不稳定,使美国更多地卷入地区冲突;②气候变化导致自然灾害频发,粮食减产,引起大量难民进入美国,造成国内局势不稳定;③气候变化导致更多的饥饿、贫困、失业和难民,为恐怖主义滋生提供了土壤,对美国的国家安全构成潜在威胁。

气候变化导致的极端事件,如果准备不足,应对不当,有可能成为危机的促发因素,导致群体性事件的发生,影响政局的稳定。如中国台湾当局应对"8.8"水灾不力,导致"行政院长"辞职。2008 年的南方罕见的低温、冰冻灾害,也对中国地方和中央政府的治理能力提出了新的要求,如果处理不当,有可能成为影响社会稳定的导火索。

2. 气候变化对国土安全产生多方面的影响

气候变化导致海平面上升,使中国沿海相对较低的区域被海水淹没,导致国土面积减少。气候变暖导致的海平面上升可使沿海低地被淹没。据研究,若海平面上升 30 厘米,在无设防的情况下,中国主要沿海就有 8 万多平方千米的土地被淹没[61]。当海平面上升 1 米时,在历史最高潮位下,中国长江、黄河和珠江三角洲超过 20% 的面积将被海水淹没[62]。海平面上升,还使得中国的许多岛屿面积减少,有些有重要经济和军事价值的小岛屿甚至消失,而随之而来的是专属经济区面积的缩小。

气候变化导致国土质量下降,压缩了有效的国土生存空间,国内生态难民数量增加,导致内部不同区域之间的矛盾和冲突加剧。气候变化导致全球气象灾害、极端天气对人类的影响越来越大。有数据显示,1979—2008 年间,全球有 7 亿人因遭受风灾侵袭而流离失所,有 16 亿人受到干旱影响,其中约有 10%—30% 的人成为气候移民[63]。气候变化也是荒漠化产生的主要原因之一。荒漠化加剧导致中国国土质量下降,近 50 年来,中国荒漠化速率在不断加快,荒漠化吞噬了大量的耕地,压缩了中国本已拥挤的生存空间,而干旱、洪涝和水土流失等造成的土地生产能力的降低,也降低了土地资源的承载能力。

气候变化对国土安全的影响主要是通过进出口在经济和社会领域产生影响。中国目前面临极大的国际减排压力,为了节能减排,可能要淘汰和关闭一些高能耗的产业,如果采取较为激烈的节能减排措施,造成大量企业关停并转会对社会稳定产生不利影响。而发达国家利用碳配额和碳关税等手段,影响中国产品的出口,造成国内经济发展受挫,大量失业工人对政治稳定的冲击同样不能忽视。

3. 气候变化对军事安全也产生直接或间接的影响

气候变化对国土军事安全的直接影响主要表现在:洪涝、干旱和台风等极端天气事件的频发使军队执行抢险救灾等非战争军事行动增加,影响部队的战备训练;受气候变化影响,各种极端天气事件对部队的人员、装备和设施安全造成威胁,如暴雨引发的泥石流、滑坡等冲毁营房和训练设施等,台风、飓风等对沿海和岛屿上的军事基地的破坏等;气候变化也影响部队正常训练和武器装备效能的发挥。

气候变化对国土军事安全的间接影响主要表现在:气候难民的跨区域迁徙,导致与本地的农牧民争夺水土资源,如果是在边境附近,导致两国政府介入,可能形成地区冲突;在一些最不发达国家,由于缺乏应对气候变化的适应能力,加上政府的治理能力低下,未能很好地解决国内贫困和饥饿等问题,可能成为恐怖主义和海盗产生的温床;受气候变化影响水资源供需矛盾更加突出,在一些跨境国际河流上,不同国家之间可能因为水资源争夺而发生冲突,甚至战争。

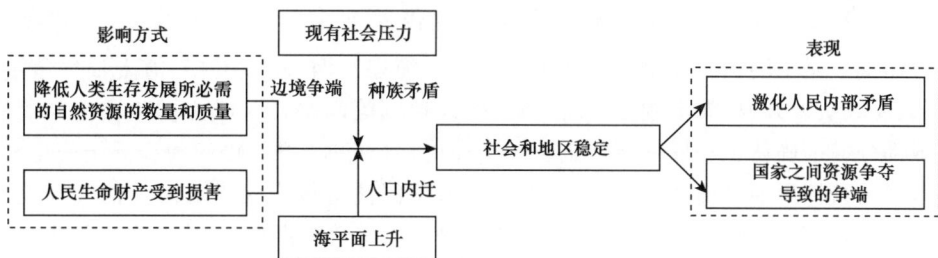

图 1　气候变化对地区稳定的影响机制[62]

四、国土安全评价趋势与展望

(一)国土安全评估中的主要问题

虽然国土安全研究已取得较大进步,但是依然问题重重。如关于国土安全内涵的理解,目前存在很大的争论,国土安全没有统一的定义,也没有公认的综合评估方法。各单项国土要素安全评估方法也同样存在指标选取的随意性,权重赋值的主观性,评价方法和数据缺乏统一性等问题。国土安全综合评价研究需要跳出囿于概念分析的局限,从综合评价的角度来研究国土安全,这实际上也能反过来推动对国土安全的理解。

当前对国土安全各要素的研究较为深入,但要素之间的关联、耦合研究则较为薄弱,未来国土安全评价,需要将这些要素纳入统一的国土安全框架中进行分析评价。

我国一直十分强调国土资源的基础保障性作用,但是却忽略了国土本身是否处于安全状态,其结果是我国经济高歌猛进,但国土安全却频频告急。未来经济社会发展要考虑国土的承载能力,在保障国土安全的前提下发展经济。

(二)发展趋势与展望

1. 从非传统安全和传统安全相结合的角度加强国土安全综合研究

非传统安全是未来影响国土安全的主要威胁源,而传统安全对国土安全的威胁主要来自海洋国土资源受到蚕食,海上领土争端和海上运输安全受到威胁而可能导致的局部冲突。

未来对中国国土安全影响最主要的方面,都是与非传统安全密切相关:生态恶化和环境污染、气候变化和能源安全、海洋生态破坏和环境污染等。加强非传统领域的安全评估和风险防范,是今后国土安全研究和安全能力建设的重点。但传统安全的威胁亦不能忽视,尤其是在海洋国土安全方面,需要应对传统安全因素对海洋国土的安全威胁。中国在东海、南海面临的威胁在增加,如果周边国家在有外部势力插手的情况下,出现局部军事冲突的风险极高。国外有人预言中国未来的军事冲突必定与海洋有关,这未必是危言耸听。因此,未来的国土安全研究,不能局限于从非传统安全角度来开展研究,需要拓宽思路,吸收军事领域的学者,从传统和非传统相结合的角度,共同研究国土安全面临的问题。

2. 海洋国土安全评估与海洋生态环境保护研究

海洋安全是中国国土安全的重要组成部分。海盗泛滥、越境捕捞、海上油气争端、海洋污染、海底资源开发、海上领土纠纷、海上航线控制等问题日益成为国土安全问题的重要组成部分。准确认识和评估海洋国土安全环境,将有助于维护国家海洋国土安全利益。

以墨西哥湾原油泄漏和 2011 年中海油渤海湾漏油事故为代表的海上油气开发导致的生态灾难,以及海洋资源过度开发导致的对海洋生态系统损害,已成为海洋国土安全的重大威胁。随着海洋溢油事故发生频率的不断增高,溢油规模的不断扩大,使得溢油对海洋生态环境损害的评估成为海洋安全评估的关注热点。此外,随着全球化加速发展,中国的现代化建设,特别是经济发展对于国际海上通道的依赖越来越大,航线安全也应成为海洋安全评估的重要内容。

3. 国土生态屏障建设和生态服务价值评估研究

为保护国土生态安全,国家重点规划和建设了三江源生态保护区、三北防护林工程、青藏高原生态屏障等一系列重点生态屏障工程。围绕重点工程建设中的资源、环境和生态等科学问题,以及相关的经济、社会等方面的影响问题展开研究,应该是今后研究工作中的重点,尤其是对生态屏障建设中的人工生态系统生态服务功能和价值评估,值得进一步研究。

4．不同区域经济发展与碳排放的关系及区域节能减排指标的分解研究

节能减排是我国近年来和今后相当长的时期内，影响我国经济和社会发展，甚至是影响国家战略的重要方面。不同区域在国家发展战略中定位不同，资源禀赋各异，发展阶段也各不相同。研究不同区域的发展模式与我国碳排放的关系，并结合我国的节能减排目标科学地分解落实到不同区域，既是科学研究需要解决的问题，也是现实中的重大需求。

5．气候变化对国土安全的影响及不同区域的适应研究

气候变化的影响已经无处不在。以前的研究关注是气候变化对整个国家的影响。事实上，不同区域对气候变化的脆弱性不同，适应能力也不一样。未来应加强气候变化对不同区域的影响研究，以及适应气候变化的对策研究。

6．重要和战略性矿产的安全问题研究

近年来，稀土、铁矿石等战略性和大宗矿产的安全问题，对中国经济、社会发展，以及对外关系的影响越来越大，尤其是稀土。稀土资源的大量无序开采，不仅造成资源储量的迅速消耗和环境的严重污染，而且中国限制开采和出口的举措，还引起了美国、日本和欧盟的集体围攻。铁矿石价格的一路狂飙，对中国钢铁工业造成的冲击及造成的经济损失十分惊人。加强战略性和大宗矿产资源的安全研究，应是今后国土安全研究的一个重点领域。

7．国土安全综合评估方法的进一步完善

近些年来，国土安全问题已经引起了广泛的关注，关于国土安全的研究日渐繁盛，国土安全各子因子的分析评价的研究也取得了显著的成果。但是，关于国土安全的综合评价研究却较为薄弱。国土安全是一个复杂的巨系统，其包含要素之广，各要素相互作用之复杂，使得对国土安全的综合评价研究让人望而却步。

现在对国土安全评估，主要是通过对单项国土安全要素的评估，而不是全面系统的评估。未来，有可能从传统安全和非传统安全相结合的角度，构建出综合、全面的评估指标体系，进行国土安全综合评估，并可以同其他国家进行对比研究。

参考文献

［1］查道炯. 中国学则看世界——非传统安全卷［M］. 北京：新世界出版社，2007.

［2］余潇枫. 非传统安全概论［M］. 杭州：浙江人民出版社，2006：407 - 424.

［3］谷树忠. 国土新问题、新视角与策略［J］. 今日国土，2002(Z1)：28 - 31.

［4］千年生态系统评估/世界资源研究所. 生态系统与人类福祉：生物多样性综合报告［R］. 北京：中国环境科学出版社，2005.

［5］李文华，等. 生态系统服务功能价值评估的理论、方法及应用［M］. 北京：中国人民大学出版社，2008.

［6］千年生态系统评估/世界资源研究所. 生态系统与人类福祉：评估框架［R］. 北京：中国环境科学出版社，2007.

[7] 赵同谦,欧阳志云,贾良清,等. 中国草地生态系统服务功能间接价值评价[J]. 生态学报,2004,24
(6):1101 – 1110.

[8] 张永勋,梁国付. 洛宁县森林生态系统服务功能间接价值评估[J]. 环境科学与管理,2011,36(8):
118 – 121.

[9] 元媛,靳占忠,刘宏娟,等. 河北省38°N 生态样带生态系统服务功能时空变化[J]. 自然资源学报,
2011,26(7):1166 – 1179.

[10] 刘晓辉,吕宪国. 湿地生态系统服务功能变化的驱动力分析[J]. 干旱区资源与环境,2009,23(1):
24 – 28.

[11] 张丹,刘某承,闵庆文,等. 稻鱼共生系统生态服务功能价值比较——以浙江省青田县和贵州省从
江县为例[J]. 中国人口 · 资源与环境,2009,19(6):30 – 36.

[12] 吴锋,战金艳,邓祥征,等. 生态系统服务功能动态区划方法与应用[J]. 地球信息科学学报,2009,
11(4):498 – 504.

[13] 殷海燕,李淑杰,刘兆顺,等. 生态系统服务功能价值法在吉林省土地利用规划 SEA 中的实例研
究[J]. 安徽农业科学,2010 , 38(25) : 13997 – 14000.

[14] 陈敏,李绍才,孙海龙,等. 雅砻江下游梯级开发对河流生态系统服务功能的影响[J]. 水力发电学
报,2011,30(1):89 – 94.

[15] 黄蕾,段百灵,袁增伟,等. 湖泊生态系统服务功能支付意愿的影响因素——以洪泽湖为例[J]. 生
态学报,2010,30(2):487 – 497.

[16] 刘玉龙,马俊杰,金学林,等. 生态系统服务功能价值评估方法综述[J]. 中国人口·资源与环境,
2005,15(1):88 – 92.

[17] 张继权,李宁. 主要气象灾害风险评价与管理的数量化方法及其应用[M].北京:北京师范大学出版
社,2007.

[18] 葛全胜,周铭,郑景云,等.中国自然灾害风险综合评估初步研究[M].北京:科学出版社,2008.

[19] 叶金玉,林广发,张明锋. 自然灾害风险评估研究进展[J]. 防灾科技学院学报,2010,12
(3):20 – 25.

[20] 周成虎,万庆,黄诗峰,等.基于 GIS 的洪水灾害风险区划研究[J].地理学报,2000,55(1):15 – 24.

[21] 张斌,陈海燕,顾骏强.基于 GIS 的台风灾害评估系统设计开发[J].灾害学,2008,23(1):47 – 50.

[22] 马宗晋,李闽峰. 自然灾害评估、灾度和对策,中国减轻自然灾害研究[C]全国减轻自然灾害研究
讨论会论文集. 北京:中国科学技术出版社,1990.

[23] 王晓青,丁香,王龙,等. 四川汶川8级大地震灾害损失快速评估研究[J]. 地震学报,2009,31(2):
205 – 211.

[24] 殷杰,尹占娥,许世远. 沿海城市自然灾害损失分类与评估[J]. 自然灾害学报,2010,20
(1):124 – 128.

[25] 黄敏. 城市产业区自然灾害损失评估研究[J]. 商业时代,2010(22):136 – 137.

[26] 吴吉东,李宁,温玉婷,等. 自然灾害的影响及间接经济损失评估方法[J]. 地理科学进展,2009,28
(6):877 – 885.

[27] 武靖源,韩文秀,徐杨,等. 洪灾经济损失评估模型研究(Ⅱ)—间接经济损失评估[J]. 系统工程理
论与实践,1998(12):84 – 88.

[28] 钟江荣,林均岐. 地震间接经济损失研究[J]. 自然灾害学报,2003,12(4): 88 – 92.

[29] 刘希林,赵源. 地貌灾害间接经济损失评估——以泥石流灾害为例[J]. 地理科学进展,2008,27
(3):7 – 12.

[30] 周金星,王礼先,谢宝元,等. 山洪泥石流灾害预报预警技术述评[J]. 山地学报,2001,19

(6):527-532.

[31] 崔晓飞,衣霞,刘颜. 地市级气象灾害预警发布系统[J]. 山东气象,2011,31(1):41-42.

[32] 马国斌,李京,蒋卫国,等. 基于气象预测数据的中国洪涝灾害危险性评估与预警研究[J]. 灾害学,2011,26,(3):8-13.

[33] 殷克东,王冰,马景灏. 风暴潮灾害经济预警指标体系实证研究[J]. 中国科技论坛,2011(7):107-114.

[34] 王春乙,王石立,霍治国,等. 近10年来中国主要农业气象灾害监测预警与评估技术研究进展[J]. 气象学报,2005,63(5):659-611.

[35] 杨志勇,刘琳,曹永强,等. 农业干旱灾害风险评价及预测预警研究进展[J]. 水利经济,2011,29(2):107-114.

[36] 张于心,邢俊义,高巍,等. 铁路自然灾害宏观预警实现的方法和途径[J]. 北方交通大学学报,1999,23(3):73-76.

[37] 朱兴琳,艾力·斯木吐拉. 高速公路交通灾害预警模型研究[J]. 交通运输工程与信息学报,2010,8(2):21-26.

[38] 谢家智. 我国自然灾害损失补偿机制研究[J]. 自然灾害学报,2004,13(4):28-32.

[39] 许飞琼. 中国新型灾害损失补偿制度的合理取向——从政府包办救灾走向以保险为主体的多维救灾机制[J]. 华中师范大学学报(人文社会科学版),2011,50(4):24-31.

[40] 吉莉,苟思,李光兵. 灾害性气象预警服务效益评估的研究[J]. 安徽农业科学,2011,39(23):14200-14201.

[41] 王志杰. 地质灾害预警工程项目多目标综合效益评价研究[D]. 北京:中国地质大学,2008.

[42] 白建华,胡国松,我国石油进口风险的评估指标研究,国土资源科技管理,2005(2):46-50.

[43] 王海滨,李彬. 中国对能源安全手段的选择及其新安全观[J]. 当代亚太,2007(5):21-30.

[44] 葛家理,等. 我国石油经济安全与监测预警复杂战略系统研究[J]. 中国工程科学,2002(1):75-80.

[45] 张磊,郑丕谔,王中权等. 基于支持向量机的中国石油安全分析[J]. 工业工程,2010,13(4):40-48.

[46] 刘建平,舒晓惠. 对利用层次分析法确定比率权重的质疑[J]. 统计与咨询,2006(2):26-27.

[47] 张抗. 建立石油安全预警系统势在必行[J]. 国际石油经济,2004(1):49-50.

[48] 郭小哲,等. 我国能源多目标多因素监测预警系统[J]. 中国国土资源经济,2005(2):13-16.

[49] 宋杰鲲,张在旭,李继尊. 我国石油天然气安全预警研究[J]. 河南科学,2008,26(8):967-970.

[50] 迟春洁. 能源安全预警研究[J]. 统计与决策,2006,(12)(下):29-31.

[51] 王礼茂. 资源安全的影响因素与评估指标[J],自然资源学报,2002,17(4):401-408.

[52] 张大超,汪云甲. 矿产资源安全评价指标体系研究[J]. 地质技术经济管理,2003,25(5):20-24.

[53] 胡小平. 矿产资源供应安全评价[J] 中国国土资源经济,2005,(7):6-9.

[54] 邓光君. 国家矿产资源安全的经济学思考[J]. 中国国土资源经济,2009,(1):26-28.

[55] 谷树忠,姚予龙. 国家资源安全及其系统分析[J]. 中国人口·资源与环境,2006,16(6):142-148.

[56] 贺庆平,基于可持续发展理论的矿产资源安全评价指标体系[J],内蒙古科技与经济,2011(1):45-47,49.

[57] 田惠敏,我国金属矿产资源安全评价[J],当代经济,2010,(5)(上):62-63.

[58] 马伟东,古德生. 我国有色金属矿产资源安全现状及对策,矿冶工程,2008,28(3):121-123,128.

[59] 牛建英. 铁矿资源安全分析[J],中国矿业,2007,16(1):17-19.

［60］代涛,沈镭.我国大宗性矿产资源安全分析与评价[J].矿业研究与开发,29(5):97-101.

［61］《气候变化国家评估报告》编写委员会.气候变化国家评估报告[M].北京:科学出版社,2007,218.

［62］姚雪峰等.气候变化对中国国家安全的影响[J].气象与减灾研究,2011,34(1):56-62.

［63］郑艳,气候移民敲警钟:全球极端天气对人类影响加重[N].人民日报,2011-06-09.

撰稿人:王礼茂　李红强　顾梦琛

国土规制理论与方法最新进展

一、引 言

规制一般指政府规制,是政府运用一系列的规范或标准等,对包括企业等在内的社会经济组织和机构等,进行约束以使之符合政府所确立目标和要求的一种行为。其目标是建立和发展市场经济体系,改革和健全政府行政体制。规制在我国社会经济发展中的地位和作用不断提升。然而,将规制的理念引入国土管理和国土经济领域,是我国国土经济研究的显著进展和重大创新,是我国国土管理、国土经营和国土安全的需要,是发展和健全市场经济体系的需要,亦是改革我国行政管理体制和机制的需要。国土规制在我国的研究还刚刚开始,但已在包括土地管理、水资源管理等领域产生了重要作用。展望未来,国土规制的理论基础研究、制度环境研究、关键手段研究等,可望取得重大进展,为我国国土管理与经营的规范和高效发展,做出应有的重要贡献。

二、规制及其引入国土领域

(一)规制的概念

"规制"一词来源于英文中的"regulation",是日本经济学家创造的译名。我国学者也将其翻译成管制、监管等名词。对于规制的定义,不同的学者的理解不同,大致可以分为三种类型:

1. 从经济学角度来定义,也是规制研究最多的领域

其中以日本经济学家对规制的定义最具有代表性,金泽良雄将规制定义为,在以市场机制为基础的经济体制条件下,以矫正、改善市场机制内在的问题(广义的市场失灵)为目的,政府干预和干涉经济主体(特别是对企业)活动的行为。植草益在金泽良雄的基础上,发展了规制的含义,认为规制是指依据一定的规则对构成特定社会的个人和构成特定经济的经济主体的活动进行限制的行为,并根据规制的主体将规制分为私人规制和公的规制。在没有特别说明的情况下,一般意义上的规制即是指公的规制,即由社会公共机构对私人以及经济主体行为进行的规制。丹尼尔·F.史普博将规制与市场相结合,提出市场条件下规制的定义,即规制是指由行政机构制定并执行的直接干预市场配置机制或间接改变企业和消费者的供需关系决策的一般规则或特殊行为。国内学者陈富良在借鉴国外研究成果的基础上,结合我国实际情况,将规制定义为:政府根据有关法律法令、规章制度,对市场主体,包括公共部门和私人部门的企业组织、事业单位及个人的经济活动进行规范和制约的一种管理方式。从本质上讲,规制问题是政府与企业组织、政府与事业单位、政府与居民个人的关系问题。刘小兵扩展了史普博规制的定义,认为管制是指政府以

效率和公平为管制目标,以不完全竞争、外部性和信息失灵等市场缺陷为管制对象,凭借行政权力做出并直接执行的直接干预市场配置机制和改变企业与消费者的供需决策的一般规则或特殊行为。马云泽从现代学意义上对规制进行了界定,即规制者(政府或规制机构)利用国家强制权依法对被规制者(主要是企业)进行直接或间接的经济、社会控制或干预,其目的是克服市场失灵,实现社会福利的最大化。经济学意义上的规制倾向于将规制与市场和企业相结合,研究市场经济中政府对企业的限制行为。已有的许多文献大多是从经济学的角度对规制进行研究的,认为规制是市场失灵的产物,在市场经济中占有重要地位。

2. 从政治科学的角度来定义

从经济学角度对规制的定义适合于市场经济较发达的国家,但在不少市场经济欠发达的国家,政府在社会经济活动中占有十分重要的作用,单纯的经济学方法难以准确描述经济社会的实际运行情况,从政治学角度对规制进行研究在政府干预较多的国家具有更强的现实意义。政治学对规制的定义强调管制决策的政治与行政内容。维斯卡西认为规制是政府以制裁手段,对个人或组织的自由决策的一种强制性限制。政府的主要资源是强制力,政府规制就是以限制经济主体的决策为目的而运用这种强制力。梅尔认为,规制是与政治家寻求政治目的的有关过程。规制与政治目的紧密相关,施蒂格勒对规制在政治学的定义最具有代表性,他认为,作为一项规则,规制是产业所需并主要为其利益所设计和操作的。在他看来,规制是对国家强制权的运用,因此,规制几乎能采取任何手段满足某产业的愿望,最极端的就是增加他们的获利能力。规制是利益集团之间讨价还价的过程,规制政策的出台是不同利益集团之间相互博弈的结果,这些利益既包括公共利益,也包括私人利益。在规制政策执行过程中,利益集团存在大量的干扰和讨价还价现象。

3. 从法学角度来定义

法学对"规制"概念的研究主要是从执法、市场规则以及行政程序的角度进行的,讨论的焦点是行政程序及对规制机构司法程序的控制。在法律学文献中,一个有广泛影响的管制定义是由吉尔洪和皮尔斯提出的,他们认为管制是管制者的判断对商业或市场判断的决然取代,政府的管制仅仅是对众多社会经济力量的法律控制形式中的一种。国内也有较多学者从法学角度对规制进行研究。王俊豪认为,政府规制是具有法律地位的、相对独立的政府规制者(机构),依照一定的法规对被规制者(主要是企业)所采取的一系列行政管理与监督行为。政府规制的形式有三种:①司法机关依据民法、刑法等法律进行的规制;②行政机关依据行政法规、公共事业法、公司法、劳动法、反垄断法及其他产业法等进行的规制;③立法机关对行政机关、公有企业行为等进行的规制。

尽管经济学、法学、政治学对规制的定义和研究各有侧重点,但是,他们又具有共性的特征,并在一定程度上揭示了规制的本质。从规制主体、规制客体和规制手段等方面对规制进行了较为准确的定义:①规制的主体是政府行政机关或社会公共机构、组织;②规制的客体是社会经济活动主体,主要是企业,也包括消费者;③规制的手段主要是各种法律、规章和制度。

(二)规制的发展

据认为,规制产生于 20 世纪 30 年代甚至更早些,源于为应对经济危机而加强政府力量。20 世纪 30 年代,以农产品的价格下跌为起点,资本主义世界范围内出现了有史以来最严重的经济大萧条,自由资本主义在面对经济危机时表现出来的无能为力迫使经济学家开始探索新的管理方式,凯恩斯主张采用政府干预的方式来挽救陷于困境的资本主义经济,这一想法在罗斯福的实施下取得了良好的效果,赢得了政府和经济学家的认同。此后,规制在国家经济发展中的作用越来越大,一度出现了强化规制的浪潮。

20 世纪五六十年代,过多的规制政策在增加政府行政支出的同时,加重了企业尤其是大量中小企业的负担,降低了企业的生产效率,规制的执行效果与预期目标之间的差距也逐渐加大,政府规制这只"看得见的手"也出现了失灵,引发了经济学家们重新审视政府强化规制的政策,学术界出现了不少反对规制的呼声。20 世纪 70 年代,发达市场经济国家的经济先后陷入滞胀的困境,为了提高生产效率、刺激市场活力,出现了"放松"和"缓和"规制的趋势。

20 世纪 90 年代,资源环境问题显现,对经济发展的制约和障碍作用越来越明显,在可持续发展理念的指导下,再次出现了强化政府规制的要求。在资源环境已经成为经济发展瓶颈的条件下,对企业的资源环境生态行为进行规制已十分必要。

总体来看,目前全球规制处于放松与强化并存的局面——部分领域放松(特别是产业领域),部分领域强化(特别是社会责任与资源环境生态行为等)。而从我国的实际情况来看,中国正处于加强规制尤其是加强对企业社会责任、资源环境生态行为规制的阶段。

(三)将规制引入国土

国土规制是规制在国土领域的应用。国内学者谷树忠最先提出了国土规制的概念,他认为,所谓国土资源规制,是指政府、特别是中央政府,对包括土地、水、能源、矿产资源及生物资源等在内的国土资源的勘察、开发、利用、经营等行为进行约束,并将国土资源作为规制手段,对企业、地方政府及其他社会组成部分的经济社会行为进行约束,以使之更符合国家利益、公共目标和社会需求的行为。这里的国土不仅指国土资源,还包括国土空间、生态和环境等国土资源的延伸。国土是国家管辖范围内的自然要素综合体的统称,这个综合体由自然资源、生态、环境及其他自然要素组成。

国土资源规制有两层含义,其一是政府对各行为主体与国土资源有关的行为所进行的规范化约束与管理;其二是政府将国土资源作为手段,对企业及地方政府的行为进行约束,以使之更加符合国家利益、公共目标和社会需求。第一层次的含义与国土资源管理密切相关,国内外也已经有了较多的理论与实践研究;第二层次的含义是在考虑我国资源环境恶化和地区经济增长过快的大背景下提出来的,与宏观调控一起构成应对市场失灵的两大手段,共同纠正市场失灵。从国土规制的目标来看,主要侧重于第二层含义。

(四)国土规制的发展历程

1. 萌芽阶段(20 世纪 80 年代以前)

从中华人民共和国成立到 20 世纪 80 年代之前,可以看做是我国国土规制的萌芽阶段。在这 30 年的时间里,我国不存在严格意义上的国土规制。计划经济体制以国家完全掌握国土的供给和分配为特点,这个时期的国土规制实质上是国土管理,是对国土资源、国土空间和国土环境的保护与调节。但是,在这段时间,也有零星的国土政策发布,这些政策可以看做是国土规制的萌芽,对后来的国土规制政策的制定和实施产生了借鉴与示范作用。

2. 稳定发展阶段(20 世纪 80 年代—20 世纪末期)

改革开放以后,我国经济进入了快速发展的阶段,国土开发整治在我国蓬勃发展起来。与此同时,国土领域也出现了许多问题,对资源的浪费和破坏十分严重。因此,在 20 世纪 80 年代,国家通过了一系列的国土资源法律,包括《海洋环境保护法》(1982 年)、《森林法》(1984 年)、《水污染防治法》(1984 年)、《草原法》(1985 年)、《渔业法》(1986 年)、《矿产资源法》(1986 年)、《土地管理法》(1986 年)、《大气污染防治法》(1987 年)、《水法》(1988 年)和《环境保护法》(1989 年),80 年代出台的法律几乎涉及了国土资源的全部种类,内容包括耕地保护、水资源规划、渔业许可制度、矿产开采登记审批制度、环境保护等国土规制的各个方面,为我国国土规制提供了法律依据。进入 90 年代之后,国家又对部分国土规制法律进行了修订,并对缺乏的国土规制进行了完善和补充,至此,基本建立起了我国国土规制的法律框架。在这一时期还出台许多与国土规制法律相关的配套政策,但是从总体来看,这段时期的国土规制发展比较平缓,可以看做是我国国土规制的稳定发展阶段。

3. 快速发展阶段(21 世纪以来)

进入 21 世纪以后,我国国土资源开发利用中出现了许多突出的问题,国土资源开发利用效率低、浪费严重,资源收益分配在区际之间和利益相关者之间分布不平衡,资源开发引起的社会问题频发,经济增长过快,过度投资导致的资产泡沫在国土领域表现得尤为突出。在这种背景下,国家出台了大量的国土资源政策措施,以扭转和优化这种扭曲的经济发展方式。在这一时期,各种国土资源规制政策纷纷出台,最多的时候是在 2006 年,这一年关于国土资源的政策多达 2231 个。我国的国土规制在 21 世纪的前 10 年达到最高峰,是我国国土规制的快速发展的时期。

三、国土规制与国土经济学间的关系

(一)国土规制与国土规划的关系

从概念上来看,规划的提出先于规制。规划,意即进行比较全面的长远的发展计划,是对未来整体性、长期性、基本性问题的思考、考量和设计未来整套行动方案。所谓国土规划是根据国家社会经济发展的总目标以及区域的自然和社会经济条件,对国土开发、利用和治理、保护进行全面的规划。一般分为综合规划和专项规划。前者是规划地区全面进行国土开发整治的总体规划,后者是以完成某项国土开发利用或治理保护任务为中心内容的规划。国土规划按地域层次一般分为四级:全国,跨省、自治区、直辖市,全省、自治区、直辖市,以及省、自治区、直辖市范围内的一定地域。我国的国土规划包括土地利用规划、水资源规划、能源矿产规划、其他单项资源规划以及综合性的区域规划等。

国土规制是指对国土的管理和以国土为手段对区域发展进行的调控。国土规制的手段很多,其中国土规制是其中应用较为广泛的一种。国土规制的实现形式大致可以分为三种,也就是三个层次,第一层次的规制是法律法规规制,也是最高层次的规制,约束性最强,具有国家强制性;第二层次的规制是规划与计划规制,指导和约束国土资源的开发和利用,是次层规制;第三层次的规制是标准与指标规制,是规制的具体手段,也最具有可操作性。因此,对于国土规制来说,国土规划为国土规制提供了一个指导性和约束性的标准,国土规划是国土规制的一种形式,是最常见的国土规制。而从研究范围来看,国土规制远大于国土规划,甚至大于国土管理的概念,国土规制是一种新的国土管理理念,而国土规划是实现国土规制的手段和途径之一。

(二)国土规制与国土经济学的关系

国土经济学是研究国土开发、利用、保护、整治、改造中的经济因素、经济现象和经济问题,探求其经济理论、经济机制与经济手段的学科,其目的是为了实现国土资源和国土空间的合理有效利用。国土规制是对国土资源的管理和利用国土资源为手段对企业及地方政府的国土开发利用行为进行约束,也是对国土资源和国土空间的管理,涉及国土资源和国土空间的开发、利用、整治和保护等过程,两者具有相同的研究对象。但是,对于国土资源和国土空间来说,规制并不是实现其资源配置的唯一途径,除了限制性的约束外,激励性的制度对于实现国土的充分有效利用具有更为重要的意义。而且,国土规制也不单纯的限制性措施,是对国土资源和国土空间的调控,是行政手段和市场手段的有效结合。因此,从总体上来讲,国土规制与国土经济学具有相同的研究目标,而国土规制是国土经济学研究的重要内容,也是国土经济学的研究手段之一。

(三)国土规制丰富了国土经济学的研究

国土经济学是一门系统性的科学,涉及国土开发、国土规划、国土整治等国土利用和国土安全、国土经营、国土规制、国土保护等国土管理的理念,是对国土资源和国土空间的一次全面系统的提升与总结。国土规制作为国土经济学的研究内容之一,丰富了国土经济学的研究理念,为国土资源管理提供了新的优化路径,拓展了国土经济学的研究领域,拓展了国土资源的应用范围。

四、中国实行国土规制的战略需求

(一)国土规制的现实需求

地区经济的快速增长和与此相对应的经济结构和经济质量的低下构成了明显的对比,与此相伴的还有由过度投资而造成的资产泡沫、通货膨胀,地区经济增长的失控是提出国土规制理念最主要的背景。在经济总量不断提高的大背景下,我国的资源环境却遭受到前所未有的压力,资源消耗量急剧增加,资源利用效率低下,环境污染给国民经济造成极大损失,绝大部分地区的资源环境已经严重超载,自然灾害频率增加。

从我国的资源国情来看,我国是一个资源小国,同时又是一个人口大国,国土资源的人均拥有量远远低于世界平均水平,我国的人口国情决定了我国必须走中国特色的资源消费之路。同时,当前我国正处于工业化和城市化的中期阶段,经济发展和资源环境之间的矛盾是当前我国最为主要的矛盾之一,煤矿安全、粮食安全、水资源安全、能源安全是国土资源面临最为严重的问题,而科学发展观,资源节约型、环境友好型社会的提出和国际上负责任大国形象的构建也需要对国土规制提出更高的要求。

(二)国土规制的制度基础

从自然资源的所有权来看,我国的自然资源属于国家所有,国家拥有对自然资源的所有权和控制权,国土资源的国家所有属性决定了我国政府在配置资源或控制资源配置过程的支配地位,为我国实现以国土资源为手段规制区域经济增长提供了可能。而在规制主体的选择上,我国的国土资源规制必须由作为自然资源所有者的政府来行使。我国自然资源的所有权属性为国土规制提供了特殊的制度基础。

五、国外国土规制的研究现状及对我国的启示

(一)国外国土规制的研究现状

1. 国外关于国土规制的界定

目前来看,国外尚没有学者明确提出国土规制的概念,相关研究主要集中在环境规制领域,而关于自然资源的规制则比较分散,水资源规制、土地资源规制和生态规制有一定的涉及,但尚未形成系统的体系。同时,国外的国土规制主要集中在规制的实践和应用中,而对于规制的理论研究较少。

2. 国外国土规制理论研究分析

目前,国外对于国土规制尚没有完整的理论体系,对于国土规制理论仅限于对规制理论的研究。国外的规制理论可以分为五个阶段:公共管理理论、规制俘虏理论、规制经济理论、可竞争市场理论和激励规制理论,各个理论的基本特征如表1。

表 1　规制理论基本特征比较

规制理论	代表人物	拟解决的问题	主要观点	缺点
公共利益理论	理查德·波斯纳	为什么会产生规制、何时规制	政府是公共利益的代表,对市场失灵进行规制,规制提高了社会福利	规制零成本的假设、缺乏实证分析
规制俘虏理论	施蒂格勒、美国洲际商业委员会	规制代表谁的利益	规制机构被产业所俘虏,规制提高了产业利润而不是社会福利	不被实证分析所证实

续表

规制理论		代表人物	拟解决的问题	主要观点	缺点
规制经济理论	施蒂格勒模型	施蒂格勒	规制代表谁的利益、规制采取的形式	生产者对立法的过程的影响较之消费者有明显的优势,规制结果必然对生产者有利	结果有失偏颇
	佩尔兹曼模型	佩尔兹曼	哪些产业最有可能被规制	最有可能被规制的产业是那些具有相对竞争性或具有相对垄断性的产业	结果不是帕累托最优
	贝克尔模型	贝克尔	利益集团之间的政治均衡	改善福利的规制政策更有可能被执行	无法应对规制中的信息不对称问题
可竞争市场理论		鲍莫尔	如何为企业提供激励	只要没有沉没成本,就能形成可竞争的市场	沉没成本为零的假设不符合实际
激励规制理论		德姆塞茨等	解决垄断企业效率不足的问题	规制问题实际上是委托-代理问题	

3. 国外国土规制的方法研究

主要包括如下方面:

(1)成本-收益分析。成本-收益分析方法是规制效应评价中最常用的评价方法,也是规制制度的重要评价标准之一,只有当规制政策的收益大于规制所产生的成本时,规制政策才是可取的。一般认为,规制的成本包括:立法成本和司法成本、构建专业化机构所耗费的成本、制度供给成本、寻租成本以及政府规制的机会成本五类,而规制的收益包括私人收益和社会收益,可以用消费者剩余和生产者剩余的变化量和规制成本之间的差值来表示。王万山以渔业资源为例,在沙法尔模型的基础上,利用成本-效益的经济学分析法,分析了再生自然资源代际可持续利用中的成本与收益,并提出再生自然资源代际可持续使用的制度安排和优化措施。由于我国的政府管制活动并不是通过专门的管制机构来进行,而是分散在各个行政职能部门,政府管制与政府行政服务事务混合在一起,因而要准确地测算政府管制的成本是一件十分艰难的事情,更不用说去测算政府管制的效益了。国内学者关于成本-效益的分析主要停留在理论和方法的分析层面,较少涉及对某一具体的规制政策的成本和效益的计算。美国经济学家 Hahn 和 Hird 在早期就测算出政府对环境、职业安全等项目进行管制的成本与效益。刘小兵估算出 2001 年我国政府规制的成本约为 8279.7 亿元,占当年 GDP 的 10.56%,财政支出的 76.67%,同年美国的规制成本仅占当年 GDP 的 8.4%,财政支出的 45.8%。我国的规制成本与发达国家相比还存在较大的差距。

(2)情景分析方法。情景分析方法在规制研究中也得到了较广泛的应用。Conway 构建了一个简单的土地利用空间显性模型(spatially-explicit model)来探索不同规制情景下美国新泽新州巴尼加特湾地区土地利用对水生环境退化的影响,作者设置了 4 种不同的情景条件,分别是:目前的规制方案、缩减水环境区域、在水环境周围建立一个缓冲区域（扩大缓冲区）和开放的空间保护 4 种规制方案，结果显示，在增加土地利用强度之前，水环境已经发生了较大的变化，且 4 种规制情景之间并没有大的区别，因此，作者对目前应用于美国海岸地区保护水和陆地资源的规制方法提出了质疑。世界资源研究所（World Resources Institute, WRI）研究了不同政府规制力度情景下 2020 年和 2030 年美国的 CO_2 排放量相当于 2005 年的水平，在一般的规制力度下，到 2020 年 CO_2 排放量将比 2005 年减少 5%，在中等力度规制方案下，其排放水平将下降 8%，而当实行严格的规制政策时，2020 年的 CO_2 排放量将在 2005 年的基础上下降 12%。

（3）规制影响评价。规制影响评价（RIA）是对规制提案的可能影响和现行规制的实际影响进行系统估计，从而为决策者出台和修改规制提供信息的一种规制工具，是减少规制失灵的有效途径。规制方案的潜在影响可分为正面影响（收益）和负面影响（成本），信息提供方式应使决策者全面考虑规制方案能够产生的所有收益和成本。成本—收益分析法是对规制影响进行评价的最直接、最重要的经济学方法，可用于规制活动的系统性定量评价。规制影响评价应用最为广泛的国家是美国，美国第 12044 号总统行政命令规定，美国联邦行政机关在拟定"重要"规制时，必须进行规制影响评价并选择能够解决问题的最有效方案。欧盟、经济合作与发展组织（OECD）也构建了各自的规制影响评价框架，并在许多领域得到了较为广泛的应用。

4. 国外国土规制的主要应用

国外研究最多的是环境规制，但是主要集中在环境规制的应用方面，且已经比较成熟，国内可以借鉴：

（1）污染控制的规制效应。现有的关于资源环境规制的研究主要集中于对环境污染的控制，而其中又以环境规制的效应和影响研究最为常见。传统观点认为，规制会阻碍国家（区域）经济社会的发展，削弱地区发展的活力，但是，大多数学者的研究证明规制不仅不会减缓地区经济发展的速度，从长远来看还将提升地区的竞争力。Berman 认为环境规制具有区域上、产业上和时间上的差异性，他通过对美国洛杉矶空气规制对就业的影响进行研究，发现就业的急剧减少与空气质量规制之间没有必然的联系，但是规制会对就业产生轻微的影响，这可能是因为规制产业是资本密集型产业而非劳动密集型产业。Kjetil Telle 的研究结论也认为，当将污染减排考虑在生产能力中的时候，环境规制对生产能力的影响就没那么显著了。有研究证明规制效应是混合的，根据规制目标和规制强度的不同而不同。Rachel 研究美国空气质量规制政策对发电厂效率的影响，结果得出：高强度的 SO_2 规制对煤电厂的生产效率产生消极影响，对油气电厂效率产生积极影响；而 NOx 的规制对煤电厂生产没有显著的影响，对油气电厂有消极的影响；相比于 SO_2 规制，NOx 的规制强度稍弱，规制成本也更低。已有研究不仅关注资源环境规制对国家竞争力的影响，对企业的影响也给予较多关注。熊鹰采用联立方程模型与 Panel Data 计量模型实证分析了政府环境管制对企业环境绩效的影响，结果表明：政府环境管制、公众参与对提升企业环境绩效具有显著的正向作用，但影响强度较小，暗示了政府和公众对环境管理制度缺乏执行可能正是造成企业污染排放居高不下的重要原因。可以看出，到目前为止，学术界对规制效应是正是负还没有统一的结论，规制因规制强度、规制对象、规制手段、区域背景等不同而产生不同的效果。

（2）环保设备投资效应。新增环保设备是环境规制中规制者经常面临的问题，而环保设备的购进往往意味着成本的增加。一般认为，成本的增加会导致收益的减少，然而，不少学者的研究并不支持这一结论。Snigdha调查了印度加尔各答地区空气污染规制对再生铅冶炼的影响，结果显示使用减污技术的公司能够从对设备的额外投资中获得正的净产出，并在很大程度上有利于社会和环境。考虑了所有利益（经济、环境、社会效益）之后，总的经济价值将大大提高，这个结论对于没使用污染技术的企业具有较强的说服力，刺激他们使用减污技术。Gray通过对美国造纸厂的区位选择的研究，总结出工厂设在环境管制严格的洲更不可能采用污染的生产技术。从企业层面来看，高强度的环境规制迫使企业增加对先进技术设备的投资，也是提高企业比较优势的重要途径之一；而从国家层面来考虑，环境规制强度较大的国家可能变成环境技术的净出口国，从而提高国家在国际市场的竞争力。David对90年代后期澳大利亚和加拿大许多矿业公司的高级执行经理的调查发现，只有小部分公司认为环境规制会阻碍发展，大多数公司认为将环境因素考虑进早期的工程设计中是有益的，避免了后面更多的投入。

（3）资源环境规制的产业转移效应。污染者避税、产业转移是资源环境规制影响研究最多的领域。Judith通过对中国合资企业区位选择的影响因素进行分析，来验证污染者避税行为的存在与否。研究结果表明：来自香港、澳门和台湾的污染密集型合资企业被低标准的环境政策吸引，然而，不管产业的污染强度如何，非华裔的合资企业对低标准的环境规制并没有表现出多大的热情。除了来自高收入国家的投资者以外，对污染密集型行业来说，污染者避税行为是符合中国的外商投资规律的。Matthew认为各种效应之间相互抵消，因此很多研究没能找出污染者避税的证据。实际上，污染密集型产业转移的主要原因是环境成本的差异，这种转移除了可以增加发展中国家的资本量以外，并不能产生其他的利益，还会使发展中国家承受环境进一步恶化的后果。

（4）自然资源规制效应。由于许多国家实行自然资源私有制，自然资源产权属于个人所有，政府对自然资源实行规制的难度较大，国外对自然资源规制的研究相对较少。Christopher研究了土地利用规制的效应，他利用美国1985到1996年44个大都市的季度面板数据，发现土地利用规制降低了新开工建设的水平，规制强度高的地区新建设的开工个数要少45%，而价格弹性要比规制强度较弱的地区低20%多，土地利用规制不仅降低新建设的稳定水平，也减缓了新建设对需求和成本变动的调节速度。在美国马萨诸塞州，社区制定了保护湿地的地方规制章程，对开放空间转化成住宅用地起到了很好的限制作用。Damania分析了可再生自然资源（渔业）规制政策与金融结构的关系，得出最优规制取决于部门的财政结构，忽略财政结构可能导致无效甚至相反的结果。Harald、Cocklin也分别对可再生资源和水资源规制进行研究。

（5）环境规制与贸易的关系研究。不少学者分析了环境规制与贸易、投资的关系。傅京燕把环境规制引入到贸易模式的分析，他认为我国的环境规制程度与其他国家相比处于较低的水平，在污染产业上具有比较优势，因此贸易自由化使我国面临越来越大的资源环境压力，他认为降低资源密集型产品的进口关税，扩大资源型产品进口可以有效增大我国的资源环境容量。许多研究表明FDI企业受东道国管制影响很大，如Gentry等以投资于墨西哥制造业部门的44个外商企业为案例，研究结果显示一些正面的技术效应，特别是水处理设备,使资源利用比原来节约了 70% 左右。因此他认为墨西哥的管制在一定程度上是外国投资者决定承担"环境投资"的关键驱动力。而马丽、戴荔珠的研究表明,环境管制对外商的投资区位选择影响有限,环境政策和环境标准不能作为影响外商直接投资决策的主要因素,但是,环境管制会将污染企业从高收入国家向低收入国家转移。Bruce 以塞浦路斯、约旦、摩洛哥、叙利亚、突尼斯和土耳其等国家为例,研究了环境规制对出口的影响,认为环境规制政策对出口的影响主要是由以下几个因素决定:环境规制带来的成本变化、规制投入占总投入的比重、产业的利润率、产业的供给弹性和规模报酬率、需求弹性等。

(二)国外国土规制研究对我国的启示

1. 国土规制理论与国情相结合

由于国情不同,国土规制在不同国家的适用性不同。在许多国家,国土资源是被私人拥有可以买卖的,这就决定了对国土资源的管理需要通过市场规律来进行,因此,在这些国家政府就不可能通过控制国土资源来调节经济发展。同时,国土规制理论有其适用性,需要与国家的国情相结合。我国的国土规制是从人口国情、国土资源国情以及经济发展国情的角度提出来的,因此所构建出来的国土规制理论体系也主要是针对我国的特殊情况。

2. 国土规制理论与实践的结合

虽然到目前为止,我国已经有不少国土资源的实践,但是这些实践比较分散,缺乏系统性。而国土规制理论的提出可以弥补这种缺陷,将国土规制与理论相结合,可以在完善国土规制实践的基础上,提高国土规制理论的可操作性和实践性。用国土规制理论指导国土实践,提高国土规制的科学性和系统性,而国土规制实践进一步反馈并修正国土规制理论,丰富国土规制理论的发展,并更好地为国土规制实践提供理论和方法指导。

3. 政府与市场的结合与边界

国土规制是在市场失灵的情景下提出的,其实质是政府与市场的边界问题,是对自由竞争国土市场的补充。但是,国土规制又不同于计划经济时期的行政命令,是综合采用行政、经济、社会、技术、标准等手段对国土勘察、开发、利用、保护、经营等行为进行调节与控制,侧重于与市场相结合,弥补市场的不足,而不是完全的行政计划,与市场有明显的职责划分。

六、国内国土规制的最新进展及应用

(一)土地资源规制研究进展

土地规制是我国参与程度最深和参与范围最广的国土规制。耕地保护制度尤其是基本农田保护制度、土地用途管制、土地招拍挂制度、耕地占补平衡制度、土地管理法、土地利用规制、土地用途分区等土地规制制度已经得到广泛的应用,并取得了良好的成效。土地参与宏观调控已经得到政府、学者和社会各界的认同。从中华人民共和国成立以来,我国土地的开发利用就是在政府的监督管理下进行的,但是当时的力度不大,更侧重于对土地的供应和分配,到了 20 世纪 80 年代,尤其是 1886 年《土地管理法》的出台,标志着我国的土地规制得到了法律的认可。但是这段时期的土地规制强度一直保持在比较稳定的状态,主要是对土地法律法规的修改与完善。而进入 21 世纪以后,我国出台的土地规制政策大幅度上升,最多的时候一年出台约 500 余条有关土地规制的政策。

目前,可以查到的关于土地规制相关的文献约有 700 余篇,但是大多是对土地资源管理相关的制度政策的研究,而对于土地规制的研究和讨论较少。大致可以分为两类,一类是直接研究土地规制的文献,可查的仅有 6 篇,且主要与土地征用及其各方的利益博弈有关,认为土地规制是房屋拆迁等热点问题出现之后应该采取的措施;另一类是与其相关的土地管制和土地监管的文献,相对直接研究土地规制的文献要多,主要集中于土地用途管制、土地分区管制和城市地区的土地管制。杨建顺研究了土地规制、房屋拆迁与权力经济的关系,认为土地规制主要是政府应对地价暴涨的一种形式,而土地利用规制、土地交易规制、地价管理、通过租税的规制吸收开发利益等是常用的土地规制途径,中国的高速经济增长和城市化进程的推进是实行土地规制的最直接的原因。尽管目前关于土地规制的直接研究较少,但是也还是有部分学者已经意识到这个问题并进行了一定的研究,刘江涛、任净、车贵堂等学者对土地规制的研究最具有代表性。刘江涛通过观察我国大城市的房地产市场,得出了一个有趣的现象,房地产价格的影响因素——强化规制和供给过剩同时存在,而这两个因素分别会导致房地产价格的上升和下降,由此他解析了造成这种现象的原因。在此情形下,他提出了土地利用规制的概念,他认为土地利用规制就是政府部门依照法规采用不同的手段对土地利用领域所进行的相关规制。在我国其内容主要包括以下 3 个方面:农地征用规制、土地开发投放规制(数量)和土地开发使用规制(用途)。他将我国的土地利用规制失灵总结为规制自身缺陷和被规制者对规制失灵形成反作用的稳定双螺旋结构。其中规制的自身缺陷包括:土地利用规制的自我强化和管控成本提升以及规制的时滞与"摆动",而被规制者的反作用包括主体的利益博弈,俘房效应影响以及规制变迁成本与绩效。适度加大规制刚性,注重需求与供给在中长期尺度上的均衡可以有效地避免规制失灵。任净、车贵堂则主要研究了中国城乡结合部的土地规制问题,他们针对在土地转性和用途更改集中的城乡结合部,呈现出的土地利用的粗放式、低效率、违法违规等问题,表明现有的土地规制政策有其内在缺陷,不能有效地遏制耕地资源的减少。由此,他们提出了在城乡结合部土地规制的改进路径:明晰土地产权,完善土地征用的法律制度、程序、管理体制,加强市场机制作用。孟星研究了城市土地的政府管制,而玉明涛则探究了政府对城市土地进行管制的内在机制,提出了健全和完善我国城市土地监管机制的对策。孟星认为,政府管制城市土地的内容包括对土地产权的管制、对土地使用的管制以及对土地交易的管制等,政府管制城市土地的具体手段包括土地征用、土地规划、土地估价、土地税收、土地法律等制度。

尽管目前已经有部分学者研究了土地规制、土地管制问题,但是总体来看,主要是以我国城市化进程中出现的房地产问题为背景的,且主要集中于对土地利用的规制,是为了提高土地利用效率而进行一定的限制,而对于土地开发、土地保护等的规制研究尚未涉及。同时,目前的土地规制研究缺乏系统的理论体系,主要是针对特定问题的研究,未来的土地规制应提升到理论层面,构建土地规制研究的理论框架。

(二)水资源规制研究进展

水资源也是国土规制在实践中应用较为广泛的资源。水资源规制主要包括水资源定额管理、用水总量控制、水资源效率控制、水功能区限制纳污、取水许可制度、水源地保护制度等。我国水资源规制的起源也较早,且与土地规制相比,早期的水资源规制力度更强于土地规制。但是,早期的水资源规制确切地来说是属于水环境规制,主要是对几大领域的水环境的限制以及对于洪水等的控制,对于水资源的开发利用方面基本没有涉及。而且,早期的水资源规制是一种由下而上的规制,首先是由省级政府提出并在试点得到成功的基础上再向全国推广,1988年水法的出台将我国的水资源规制推上了一个新的台阶。此后的20年时间内,我国的水资源规制强度总体上呈现逐年上升的趋势,在2005年达到顶峰,之后水资源规制的强度稍微有所减弱。

目前的水资源规制研究主要分为三类,一类是对水务产业规制的研究,即对处于垄断地位的水资源市场化的规制,其中有不少学者着重研究对水资源价格的规制;第二类是研究水资源的用途管制,即对于水资源在各行业之间的分配及其过程中出现的利益博弈进行规制;第三类是对于水权及水权交易的规制。叶红蕾构建了集中规制主体、水价形成机制、供水安全机制、公平竞争机制、社会监督机制等,由此建立起一个多元参与、相互制约、独立而公正的水务产业规制体系,解决水务产业市场化的政府失灵和市场失效现象。李素果构建了我国自来水行业的规制模式——包括价格管制和进入管制模式。王晓辉、周钦等研究了水务行业的价格管制,王晓辉认为,水务行业的价格监管包括综合价格(或价格水平)和价格结构的监管;周钦对重庆城市供水的价格规制进行了研究,在分析重庆现行城市供水价格规制问题的基础上,结合公共管理理论,提出了重庆城市水价规制改革的思路。陈华红针对我国水权交易政府规制中存在的问题,构建区域水权交易政府规制的基本框架。

(三)能源资源规制研究进展

能源资源规制是发展最快也是规制强度变化幅度最大的国土规制。能源效率标准、能源政府定价或能源政府指导价是最常见的能源规制的形式,涉及能源开发、能源利用、能源保护等过程。我国的能源规制起步较晚,一直到20世纪70年代后期才有能源规制的痕迹,此后开始缓慢地上升,并一直持续到20世纪末。进入21世纪以后,随着能源资源紧缺程度的加剧,能源规制开始得到中央政府的重视,并制定了许多能源规制的政策与标准。短短6年时间,我国的能源规制强度增加了5倍,能源资源进入了一个全面规制的时代。

国内关于能源规制的研究较多。这些研究包括对能源管制的综合研究、国外能源规制经验及对我的启示、能源价格管制、能源规制的效应,而从研究的种类来看,有对能源资源的系统研究,但主要还是将各能源分开来分别进行研究,包括煤炭、石油、天然气和电力等一次和二次能源。高健系统总结了中国政府在化石能源、电力和清洁能源等领域的管制政策,对政府能源规制的约束性指标、节能监管的手段等进行梳理,最后设计出中国的能源管制政策。郑燕、范合君、宋林、陈富良等分别对我国的石油产业、电力产业、煤化工产业和天然气产业规制进行了研究。李旭颖、王菲、李永波、罗汉武等则将重点集中在能源价格的规制上,对资源类产品价格管制的依据、管制机制和管制制度等进行分析,构建了我国天然气价格管制的模式。

(四)矿产资源规制研究进展

矿产资源规制也是国土规制的重要组成部分。跟水土等资源相比,我国矿产规制的强度和力度相对较小,但是,在矿山环境不断恶化和煤矿安全问题频发的情况下,矿产规制也曾作为国土规制的重中之重。矿产资源开采登记审批、矿产勘查技术手册、矿产资源规划、矿山环境恢复治理等制度是矿产规制的主要表现。我国的矿产规制虽然起步较早,但是由于比较分散,效果不明显。直到20世纪80年代,矿产规制才有了一定的连续性,1986年通过的《矿产资源法》开启了矿产规制的法律进程。此后的20年,矿产规制强度和力度在波动中上升,但是由于矿产资源开采技术的限制和分布的空间差异性,矿产资源规制没有像水土资源规制一样大范围地铺展开来。

目前我国对于矿产规制的研究较多,但是比较分散。其中最具有代表性的是彭海的"西部欠发达地区矿产资源开发政府规制研究",他评价了当前西部欠发达地区的矿产资源开发政府规制现状,指出其存在的问题,并提出了完善西部欠发达地区矿产资源开发政府规制的对策和建议。他认为,当前西部欠发达地区矿产资源开发的政府规制法制落后、规制机构执行政策不力、产权规制不健全、进入规制不规范等问题突出,通过健全矿产资源开发规制法规政策、建设独立和执行力强的规制机构、健全矿产资源产权制度、改善进入规制等措施来完善西部欠发达地区矿产资源开发政府规制。同其他资源规制一样,矿产资源的价格规制问题也是我国矿产规制研究的热点问题。另外,有不少学者研究了矿产资源的法律规制问题,这主要是由于我国的矿产问题繁多,而单纯的行政命令往往缺乏强制性,且容易产生腐败和寻租,因此健全的法律规制体系在我国的矿产规制中就显得尤为重要。同时,我国的矿产规制不乏对特殊种类矿产资源规制的研究,如对战略性矿产的规制和对小矿的规制。

(五)生态环境资源规制研究进展

生态环境规制是国土规制的拓展,既包括与各种资源相关的环境的规制,也有其他的环境规制,同时还包括与环境密切相关的生态系统的大国土规制。生态环境规制主要包括生态补偿、生态功能区划、流域限批、排污等级与收费、排污权的确定与交易、环境质量标准等与国土资源、国土环境甚至国土空间有关的规制。生态环境规制在实践中的应用相对于其他资源规制较晚,其可追溯的最早的规制是在1979年,在20世纪八九十年代一直缓慢增长。但是,21世纪以来,我国的生态环境规制发展速度很快,在2000年之后的6年间增长了4倍,这与当时的生态环境热是一致的。到目前为止,我国的生态环境规制在抑制环境污染和生态破坏等方面取得了较大的成效,但是,由于发展的时间较短,我国的生态环境规制尚未形成完善的体系,需要进一步的发展与完善。

生态环境规制研究包括对生态规制的研究、对环境规制的研究和对生态环境两者的规制的研究。由于生态问题往往表现为环境问题,因此,在研究重心上,我国政府、学者以及各种机构对环境问题的关注多于对生态问题的关注,对其的规制研究也是如此。我国可查的关于生态规制的研究较少,主要集中在对生态补偿和生态恢复两个方面。王万山构建了生态市场的规制体系,认为生态市场规制除了政府的行政性规制和经济性规制外,还包括强制性的法律规制和教育型的生态道德规制。黄民礼基于生态服务的理念,对各个产业链条上的企业进行生态规制,构建了基于生态服务理念的政府规制。廖卫东认为产权是生态规制常用的经济手段,他设计了政府—市场—企业接轨的生态产权制度,以解决生态市场的产权不安全或不存在、外部性与公共性等问题,但与此同时,政府生态规制也可能出现失灵的情况,因此,需要通过对生态规制者的规制建立公共租金消散机制,通过放松生态规制和优化生态规制来优化政府生态规制制度。我国的环境规制是国土规制研究中最为活跃的领域,但是大部分研究都侧重于环境规制对产业和企业行为影响的实证研究,尤其是环境规制对外商直接投资(FDI)和企业绩效的影响。但是也有一部分学者对环境规制的理论问题进行了研究,包括环境规制机制的设计、环境规制工具、环境规制方法、环境规制范式以及环境规制中的利益相关者关系、环境规制失灵等问题都有一定的研究。这与国外较为系统的环境规制研究现状有关,可以说,环境规制是目前最为系统的国土规制。

七、国土规制领域主要研究和教学机构

(一)国土规制的主要研究机构

相对其他成熟的学科来说,目前我国国土规制的研究机构较少。以于立、肖兴志为主的东北财经大学,以王俊豪为主的浙江财经学院和以陈富良为主的江西财经学院是我国规制经济学研究的主要学术机构。目前为止,国家自然科学基金对前两所学校关于规制的研究支持力度最大。从 2000 年到 2011 年,东北财经大学已经有 3 项课题获得国家自然科学基金项目,内容涉及自然垄断产业的规制、城市公用事业的规制以及煤矿安全规制,而浙江财经学院也已取得国家自然科学基金委对垄断产业规制的 3 项支持。东北财经大学产业组织与企业组织研究中心成立了规制经济学论坛;在规制经济学领域培养博士研究生,并取得了一定的学术成绩,出版了《规制经济学的学科定位与理论应用》《产业组织与政府规制》《政府监管理论与政策》等一系列著作,其中对于产业的规制研究涉及国土规制的研究内容,而其他的关于规制经济的研究方法和研究理论也为国土规制研究提供了有益的借鉴。此外,浙江财经学院政府管制与公共政策研究中心(CRRP)和江西财经大学规制与竞争研究中心也涉及国土规制的部分内容。CRRP 以垄断性产业政府管制为研究起点,视角拓展到政府管制与公共政策的多个领域,剖析我国政府管制体制的演变规律,为政府部门、企业界提供实证资料和咨询服务,出版了规制经济学的系列专著,其中较为重要的有胡亦琴的《农村土地市场化进程中的政府规制研究》、朱晓艳的《大部制下中国电力管制机构改革研究》、王俊豪的《深化中国垄断行业改革研究》。江西财经大学规

制与竞争研究中心是江西省普通高校人文社会科学重点研究基地之一,同时也是江西财经大学科研专职研究机构。前身是成立于1999年12月的产业组织与政府规制研究中心,与经济与社会发展研究中心合署办公,2003年4月被批准为江西省高校人文社会科学重点研究基地,独立成为产业组织与政府规制研究中心,2006年6月更名为江西财经大学规制与竞争研究中心。下设规制理论与政策、公共行政管理与政府管理、竞争政策等三个研究方向,开设了政府规制专题研究及规制经济学、公共产业管理博士、硕士生等学位课、必修课、选修课。2005年由陈富良主持的项目《排污权交易与环境规制政策:基于中国试点经验的分析》是对其国土规制研究的最大贡献,对中国排污权交易试点的基本经验进行了系统的整理和分析,论证了中国实行排污权交易制度的可行性,分析了影响统一环境政策的制度因素和与排污权交易相联系的其他制度。

另外,中国国土经济学会、中国国土经济研究院、国务院发展研究中心、中科院地理资源所、辽宁大学、辽宁师范大学等高校、科研机构和组织等都有关于国土规制的相关研究。其中辽宁大学硕士和博士均设置了规制经济学专业学位授权点,对煤炭规制、环境规制等规制理论和规制实践都有一定研究。辽宁师范大学的任净对于国土规制尤其是城乡结合部的土地规制有较深入的研究。国务院发展研究中心的谷树忠教授是国内第一个明确提出国土规制理念的学者,其论文《国土资源规制:基本理论与中国实践》开辟了我国国土规制理论和实践研究的先河。

(二)国土规制的成果汇总

国土规制的研究成果已经较多,但是由于国土规制尚未形成一个完善的学科体系,成果也比较分散,自然科学基金委员会等是国土规制研究成果最为集中的部门,国土部、发改委、水利部、环保部等国土分管部门每年也都有一定的与国土规制相关的研究,主要归类在单项资源管理中。如2011年国土部软科学课题"国土资源宏观调控机制研究"、2010年的国土资源宏观调控和市场配置机制研究、土地政策参与宏观调控问题研究、国土资源宏观调控政策绩效评价研究等都与国土规制密切相关。表2是从2000年到2011年国家自然科学基金支持的与国土规制相关的课题。

表2 国家自然科学基金委对规制相关研究支持项目一览表

项目负责人	项目名称	依托单位	项目起止时间
肖兴志	中国煤矿安全规制波动的形成机理、实证影响与治理研究	东北财经大学	2012—2015
李中东	基于成本视角的食品安全规制效果评价及其优化研究	山东工商学院	2012—2015
李廉水	环境规制下我国制造业转型升级研究	南京信息工程大学	2012—2015
王军峰	基于空间差异性的环境规制行为影响机制与政策工具研究	南开大学	2011—2013
方虹	中国进出口商品中环境污染的测度、演化机理及规制研究	北京航空航天大学	2011—2013

续表

项目负责人	项目名称	依托单位	项目起止时间
尚杰	基于要素禀赋与政府规制的区域环保产业竞争力研究	东北林业大学	2010—2012
傅京燕	环境规制、要素禀赋与产业国际竞争力的理论与实证研究	暨南大学	2008—2010
丁日佳	煤矿安全投入的动力机制及效率评价研究	中国矿业大学(北京)	2008—2010
郁义鸿	中国煤电产业链规制方案研究——目标与路径选择	复旦大学	2007—2009
陈祖德	西部生态补偿机制研究	中南民族大学	2006—2008
肖兴志	市场化取向的城市公用事业规制模式研究	东北财经大学	2003—2005
于立	自然垄断产业的规制政策研究	东北财经大学	2001—2003
高晓璐	基于环境性能评价的空间管治与城市空间结构优化	中国科学院地理科学与资源研究所	2012—2015
黄燕芬	资源税费"绿色化"转型的价格影响研究——基于价格管制和全要素生产率的综合分析	中国人民大学	2011—2013
王世福	城市规划作为空间管制政策的技术逻辑研究	华南理工大学	2010—2012
沈静	环境规制作用下的珠三角制造业区位变化的模式机制研究	中山大学	2010—2012
陈甫军	中国自然垄断产业管制模式的优化研究——基于福利损失测度的视角	中国人民大学	2010
蔡银莺	主体功能区空间规划管制下群体福利失衡与农田生态补偿研究	华中农业大学	2010—2012
苑春荟	管制治理、管制激励与管制绩效作用机理及关联结构模型实证研究	北京邮电大学	2008
靳相木	基于可转让配额的新增建设用地控制指标区际配置模式研究	浙江大学	2008—2010
王俊豪	中国垄断性产业管制机构的设立与运行机制研究	浙江财经学院	2006—2008
王俊豪	入世后我国垄断性产业结构重组、分类管制与协调政策	浙江财经学院	2004—2006
陶然	农民负担、政府管制与农村经济发展	中国科学院地理科学与资源研究所	2004—2006
王俊豪	自然垄断产业价格管制模型研究	浙江工商大学	2000—2002

(三)国土规制的主要应用成果

由于到目前为止,对国土规制系统的理论研究尚未真正起步,国土规制的成果应用主要表现在国土资源和国土空间、国土环境的实践过程中,国土规制的应用就在于国土规制的实践。其中比较具有代表性的就是土地参与宏观调控、土地"红线"、土地用途管制、土地利用分区、水资源定额管理、水资源总量和用途控制、矿山环境恢复治理、能源效率标准等。

1. 土地参与宏观调控

土地参与宏观调控是我国特有的土地资源规制方式。我国土地参与宏观调控主要通过调节土地供应尤其是建设用地的供应量、供应结构、供应方式、土地价格、土地权责、土地收益分配等方面而进行的,土地调控政策贯穿了土地开发、利用、收益、保护等全过程。土地利用规划、土地利用年度计划、土地用途管制、土地储备制度、土地税费制度、土地价格指导等是我国土地参与宏观调控的重要途径,而调节宏观经济总量、优化产业和部门结构和实现区域的协调发展是土地参与宏观调控的主要目的。从我国土地参与宏观调控的结果来看,土地调控取得了一定成效,在抑制固定资产投资、规范土地市场秩序、优化产业结构等方面发挥了重要作用,虽然房价高涨、投资过度、城市低水平扩张、土地收益分配等问题仍未得到有效解决,使土地参与宏观调控的有效性受到一定质疑,但是土地作为宏观经济调控重要手段的地位不会改变,在未来的经济运行中仍将发挥重要作用。

2. 用水定额管理

用水定额管理是我国最典型的水资源规制。我国的用水定额管理主要包括工业用水定额、农业用水定额和居民生活用水定额。目前全国农业灌溉用水定额基本编制完成,部分高耗水工业行业取水定额已实施。水资源定额管理体系不仅包括水资源定额的编制、分级管理制度、用水指标制度、用水报表制度、超定额超计划累进加价制度、用水计划公示制度、用水定额标准修订制度等大大扩充了我国的用水定额管理制度体系。通过20多年的发展,用水定额管理在节约用水、提高水资源利用效率方面取得了极大的成效,在建设节水型社会的过程中发挥了主要作用。但是,由于各地区的水资源基础不同,在用水定额和指标体系设定上存在较大差异,如何对各地区的用水定额管理进行规范是当前需要解决的问题。而在具体实施过程中,由于缺乏必要的计量仪器,用水定额的实施效果与预期目标存在一定的差距。

3. 能源效率标准

能源效率标准是应用最为广泛的能源规制。经过20年的发展,我国的能效标准在节约能源、观念更新、产品质量辨识方面发挥了十分重要的作用。能效标准包括的范围越来越广,评价指标也趋于丰富和完善,已成为我国能源资源规制的重要组成部分,在我国能源利用效率的提高方面起了极大的促进和推动作用。但是,我国的能效标准与国外相比还有很大的差距,在产品范围和指标限定值的设定上都明显低于国外水平,同时现有的能效标识只是原则性的管理办法,没有强制作用。因此,尽快建立与国际接轨的能源效率标准体系,从法律上规范我国的能效标准,为我国的能效标准提供法律依据是能效标准管理的下一步工作。

八、国土规制的学科发展方向、发展目标及未来趋势

(一) 国土规制的学科发展方向

1. 国土规制的定量化

国土规制的定量化是指对国土规制的规制边界、规制程度和规制的效果设计一个明确的量化指标。国土规制的规制边界是对规制必要性以及何时需要规制的回答,设计一个或几个国土或经济阈值,当国土或经济指标达到这个阈值时,就启用国土规制;当这些指标恢复到安全水平时,就需要放松或者退出国土规制。而且,对于规制过程中的规制强度也应有一个适当的衡量指标,即规制强度的设计问题,规制强度要根据国土或经济指标由阈值的偏离程度来决定,当国土或经济指标大大超过阈值时,就需要加强规制的强度,反之亦反。规制的效果评价也是国土规制定量化需要着重解决的问题,国土规制政策实施之后,到底达到什么样的效果不仅仅是对国土管理和宏观经济的感受,更要对国土规制达到的效果进行定量评价,数据更具有说服力。

2. 国土规制的动态化

国土规制的动态化是指国土规制要根据国土资源、国土空间、国土环境和宏观经济的实际情况来进行判断,需要对国土规制的规制手段、规制强度等进行动态调整,必要时甚至退出国土规制,保持国土规制的动态性。国土规制不是一成不变的,也不是必须常态化的,国土规制与自由市场需要动态结合,有明确的边界,国土规制不是完全的国土控制和国土约束,两者是彼消此长的。

(二)国土规制学科的发展目标和发展重点

1. 国土规制学科发展目标

国土规制是在我国区域经济过快增长的背景下提出来的,因此,短期来看,我国国土规制的学科发展方向是要为我国的区域发展服务,设计有效的政策工具管理国土资源、国土空间和国土环境,构建健康有序的国土市场,树立节约、集约、高效的国土利用理念,调控区域经济的发展速度,优化经济结构,提升经济发展的质量和效益。从远期来看,国土规制的目标是要建立完善的国土规制理论体系,将国土规制上升为一个学科,构建完整的国土规制学科体系,用以指导国土资源、国土空间和国土环境的实践。

2. 国土规制学科的发展重点

(1)国土规制手段和方法。国土规制手段和规制方法是实现国土规制的重要途径,对于实现国土规制目标具有重要意义。国土规制的手段和方法多种多样,在不同的外部条件下,对国土的限制方式、限制程度各不相同。按照传统的划分方法,将国土规制手段分为经济手段、法律手段、行政手段和技术手段,甚至还包括伦理规制、道德规制等,对每一种规制方法的适用条件、优缺点进行剖析,并归纳出每一种规制手段在实践中的运用。许

可证规制、配额规制、影响评价规制、税费规制和产权规制是我国国土规制的主要方法。总体来看,我国的国土规制可以分为三个层次:第一个层次也是最高层次的规制是法律与法规规制,具有最高的强制性;第二层次的规制是规划与计划层次,是次层规制,可以根据实际情况进行微调;第三层次的规制是标准语指标规制,是最核心的规制,也是最为具体的规制,核心是对规制指标的遴选。

(2)国土规制的指标体系设计。要将国土规制理论应用到实践中,需要筛选出一系列的国土规制指标,构建国土规制指标体系。针对当前区域经济发展中存在的突出问题以及将来可能出现的国土问题,制定出分国土类型、分系统的国土规制指标体系,并结合我国实际情况,对国土规制指标规定不同的阈值,作为地方政府政绩考核的重要标准,以期为区域经济的良性发展、生态环境质量的改善提供定量化标准。我国国土规制指标需要包括土地(尤其是耕地)、水、能源、矿产、森林、生态、环境和空间等国土类型,可以包括耕地面积及其变化率、土地开发强度、水资源利用率、水资源利用效率、地区水资源保障率、矿产资源回采率、能源综合利用效率、森林覆被率、生态足迹和环境容量等常用的国土评价指标。

(3)国土规制的效果预期。在设计好国土规制的指标体系之后,需要对这些国土规制的效果进行预期,以判断其是否符合我国经济发展对国土的要求。国土规制的效果预期包括两种方法:效应评价方法和成本-效益分析方法。效应评价是实行国土规制后,对区域的产业、环境、社会、资源等方面产生的影响,也即国土规制的影响评估。国土规制的成本-效益分析是采用常用的经济学方法对国土规制的成本和产生的效益进行比较分析,从经济效益角度来直接判断国土规制的效果。最后,设置几种不同的情景,模拟不同情景下国土规制的效果,为政府国土政策制定提供参考。

(三)国土规制的发展趋势及前景展望

展望未来,我国的国土规制具有较大的发展空间。国土规制不仅能解决国土资源、国土空间和国土环境中出现的问题,还可以作为一种政策工具调控区域经济的发展方向、发展速度等,是对国土功能的拓展和深化。同时,国土规制理论的提出还可以丰富区域经济学、国土经济学的理论,为区域可持续提供新的理论指导。

参考文献

[1] George J. Stigler. The Theory of Economic Regulation[M].

[2] Meier, K. J. Regulation: Politics, Bureaucracy, and Economics [M]. New York: St. Martins Press,1985.

[3] Gellhorn,E.,R. J. Pierce,Jr. Regulated Industries[M]. St. paul:West Publishing Co,1982.

[4] Viscusi W. K.,J. M. Vernon et al. Economics of Regulation and Antitrust [M]. Cambridge: The MIT Press,2005:357.

[5] Hahn and Hird. The Costs and Benefits of Regulation:Reviews and Synthesis [J]. Yale Journal on Regulation (Winter),1991(8):233 - 278.

[6] World Resources Institute. Reducing Greenhouse Gas Emissions in the United State——Using Existing Federal Authorities and State Action[R]2007.

[7] Kjetil Telle,Jan Larsson. Do Environmental Regulations Hamper Productivity Growth? How Accounting for Improvements of Plants' Environmental Performance can Change the Conclusion[J]. Ecological economic,2007:438 – 445.

[8] Rachel Fleishman,Rob Alexander et al. Does Regulation Stimulate Productivity? The Effect of Air Quality Policies on the Efficiency of US Power Plants[J]. Energy Policy,2009,Vol,37 No. 11: p4574 – 4582.

[9] Snigdha Chakrabarti,Nita Mitra. Economic and Environmental Impacts of Pollution Control Regulation on Small Industries:a Case Study[J]. Ecological Economics,2005,54:53 – 66.

[10] George J. Stigler. The Theory of Economic Regulation[M]. The Bell Journal of Economics and Management Science,Vol. 2,No. 1(Spring,1971),pp. 3 – 21.

[11] Gray. W. B,Shadbegian R. J. Environmental Regulation, Investment Timing, and Technology Choice[J]. Journal of Industrial Economics,1998,46(2):235 – 256.

[12] David Annandale, Ross Taplin. Is Environmental Impact Assessment Regulation a 'Burden' to Private Firms? [J]. Environmental Impact Assessment Review,2003,23:383 – 397.

[13] Judith M. Dean, Mary E. Lovely et al. Are Foreign Investors Attracted to Weak Environmental Regulations? Evaluating the Evidence From China[J]. Journal of Development Economics, 2009,90: 1 – 13.

[14] Matthew A. Cole,Robert J. R. Elliott. Determining the Trade – Environment Composition Effect:the Role of Capital,Labor and Environmental Regulations[J]. Journal of Environmental Economics and Management,2003,46:363 – 383.

[15] Christopher J. Mayer, C. Tsuriel Somerville. Land Use Regulation and New Construction[J]. Regional Science and Urban Economics,2000,30:639 – 662.

[16] Harald Bergland,Derek J. Clark et al. Rent – seeking and Quota Regulation of a Renewable Resource [J]. Resource and Energy Economics,2002,24:263 – 279.

[17] C. Cocklin,G. Blundent. Sustainability, Water Resources and Regulation[J]. Geoforum,1998,29 (1). 51 – 68.

[18] Gentry B. Foreign Direct Investment and the Environment:Boon or Bane [R]. OECD Foreign Direct Investment and the Environment,1999.

[19] Bruce A. Larson. The Impact of Environmental Regulations on Exports:Case Study Results from Cyprus,Jordan, Morocco, Syria, Tunisia and Turkey[J]. World Development ,2002, 30(6): 1057 – 1072

[20] 谷树忠,周洪等. 国土资源规制:基本理论与中国实践[J].中国人口资源与环境,2011,21(5):1 – 9.

[21] 植草益.朱绍文(译). 微观规制经济学[M].北京:中国发展出版社,1992,10.

[22] 丹尼尔·F.史普博(著),余晖等(译).管制与市场[M].上海:格致出版社·上海三联书店·上海人民出版社,1999:45.

[23] 马云泽. 规制经济学[M].北京:经济管理出版社,2008:7.

[24] 刘小兵. 政府管制的经济分析[D].上海:上海财经大学,2003.

[25] 任净,车贵堂.中国城乡结合部土地规制的改进的探讨[J].中国发展,2008,8(3):57 – 62.

[26] 杨建顺. 土地规制、房屋拆迁与权利救济[J].法律适用,2010,(6):2 – 9.

[27] 王晓辉.我国城市水务行业价格管制研究[D].西南财经大学,2007.

[28] 陈富良.论政府规制的理论依据[J].江西财经大学学报,1999,(2):18-21.

[29] 丹尼尔·F.史普博著,余晖等译.管制与市场[M].上海:格致出版社·上海三联书店·上海人民出版社,1999:45.

[30] 王俊豪.管制经济学学科建设的若干理论问题——对这一新兴学科的基本诠释[J].中国行政管理,2007,(8):86-90.

[31] 王万山.再生自然资源代际可持续利用的经济分析与制度安排——以渔业资源为例[J].长江流域资源与环境,2005,14(5):584-588.

[32] 雄鹰.政府环境管制、公众参与对企业污染行为的影响分析[D].南京:南京农业大学,2007.

[33] 傅京燕.环境规制要素禀赋与我国贸易模式的实证分析[J].中国人口资源与环境,2008,18(6):51-55.

[34] 马丽,刘卫东等.外商投资对地区资源环境影响的机制分析[J].中国软科学,2003,(10):129-131.

[35] 戴荔珠,马丽等.FDI对地区资源环境影响的研究进展评述[J].地球科学进展,2008,23(1):55-62.

[36] 孟星.城市土地的政府管制研究[J].复旦学报(社会科学版),2006(3):106-112.

[37] 刘江涛,张波等.土地利用规制强化与供给过剩并存的解析及修正[J].经济体制改革,2009(3):38-43.

[38] 玉明涛.政府对城市土地的管制机制研究[D].广西大学,2008.

[39] 罗惠娟.城市供水价格规制及实证研究——以昆明市为例[D].浙江大学,2008.

[40] 朱晓林.构建自来水业规制体制研究[J].辽宁科技大学学报,2009,32(2):206-209.

[41] 郭亮.水务产业的政府规制研究[D].吉林大学,2007.

[42] 许敬.水资源用途管制制度研究[D].山东农业大学,2009.

[43] 周钦.重庆城市供水的价格规制研究[D].重庆大学,2007.

[44] 叶红蕾.政府对水务产业的规制研究[D].浙江大学,2005.

[45] 李素果.我国自来水行业规制研究[D].厦门大学,2006.

[46] 陈华红.我国区域水权交易政府规制研究[D].浙江大学,2007.

[47] 柯婉志.英国能源监管优化及其对中国的启示[D].华北电力大学,2011.

[48] 李旭颖.资源类产品价格管制的经济学研究——以天然气为例[D].北京交通大学,2009.

[49] 陈富良,廖鹏.中国天然气产业规制的基本经验与教训[J].经济与管理研究,2009(3):66-75.

[50] 高健.中国能源领域内的政府管制研究[D].中共中央党校,2007.

[51] 宋林.论能源安全背景下我国煤化工产业发展中的政府规制[D].中南大学,2007.

[52] 王菲.我国天然气价格管制问题研究[D].中国石油大学,2007.

[53] 范合君.中国电力产业规制与改革博弈分析[D].首都经济贸易大学,2005.

[54] 李永波.价格管制、放松管制与我国成品油市场均衡[J].产业经济研究,2010(2):31-36.

[55] 郑燕.能源产业规制与技术进步政策——以替代能源技术为例的规制研究[D].暨南大学,2006.

[56] 罗汉武,李昉.能源价格管制政策的优化研究[J].中州学刊,2009(3):35-37.

[57] 彭海.西部欠发达地区矿产资源开发政府规制研究[D].中南大学,2009.

[58] 邹艳萍.我国煤矿生产安全的经济法规制研究[D].湘潭大学,2007.

[59] 曹霞.可持续发展视野下中国小矿的法律规制研究[D].中国人民大学,2008.

[60] 郜瑾.我国战略矿产资源管制的政府责任[J].河南社会科学,2008,16(7):114-115.

[61] 王万山,廖卫东.生态市场的规制体系[J].中国环保产业,2002,(10):16-17.

[62] 黄民礼.基于生态服务理念的生态规制构想[J].黑龙江社会科学,2008,(2):63-65.

[63] 廖卫东.生态领域产权市场的制度研究[D].江西财经大学,2003.

[64] 江珂.中国环境规制对外商直接投资的影响研究[D].华中科技大学,2010.

[65] 李项峰.环境规制的范式及其政治经济学分析[J].暨南学报(哲学社会科学版),2007,(2):47-52.

[66] 宋英杰.基于成本收益分析的环境规制工具选择[J].广东工业大学学报(社会科学版),2006,6(1): 29-31.

[67] 马士国.环境规制机制的设计及与实施效应[D].复旦大学,2007.

[68] 朱天星,陈晶等.几种环境规制方法的比较[J].辽宁经济,2008,(2):43.

[69] 孙海婧.地方政府环境规制中相关利益主体的互动关系——基于代际公共品供给的视角和中国的实践[D].暨南大学,2010.

[70] 朱春明.政府环境规制失灵问题研究[D].复旦大学,2010.

撰稿人:周　洪　谷树忠

低碳国土开发的理论与实践

一、引 言

低碳国土概念的提出,主要源于低碳发展的理念,是国土开发、利用与保护的重要方向,亦是国土管理和国土经济的重要方向。尽管低碳国土的概念产生时间不长,但已在低碳国土实践方面取得了重要进展,特别在低碳城市和低碳社区建设试点方面取得了初步进展,中国国土经济学会在建设低碳国土试验区建设方面亦取得了初步进展,这些重要进展既丰富了国土开发、利用和保护的内涵,也拓展了国土经济学的研究领域。

二、低碳国土研究现状

(一)国际土地低碳利用研究

人类在土地上的生产生活是陆地碳排放的主要来源。土地利用/覆被变化是影响陆地生态系统碳循环的主要因素,也是仅次于化石燃料燃烧的大气 CO_2 浓度急剧增加的最主要的人为原因,土地利用方式及其变化会直接或间接地影响自然及人为碳排放量的强度,并进一步影响区域碳循环的过程和速率。据估计,土地利用变化导致的 CO_2 排放为124PgC,大约为1850—1990年以来化石燃料燃烧 CO_2 排放的一半[1]。

土地利用变化的碳排放效应表现在两方面:一是土地利用方式变化带来的工业碳排放、产品消耗碳排放及使用建筑材料带来的间接碳排放;二是土地利用变化的非工业化碳排放,即地类转化的碳排放效应。比如森林或草地转化为城市用地,由于植物地上生物量会以 CO_2 的形式释放到大气中,这种转化表现为碳源[2]。因此,既要考虑土地利用变化带来的直接和间接的碳排放,另外还要考虑土地利用方式转换前后碳储量的变化,由于各国家地区自然及社会经济条件的差异,土地利用对碳排放的影响也具有较大的差异[3]。根据世界资源组织的碳排放计算器和著名碳循环研究专家估计:1850—1998年间的全球碳排放中,土地利用变化引起的碳排放是人类活动影响碳排放总量的1/3,1950—2005年中国土地利用变化累计碳排放为10.6PgC,占中国全部人为碳源排放量的30%,占同期全球土地利用变化碳排放量的12%[4]。20世纪80年代以来,由于大范围的植树造林和退耕还林还牧还湖,中国陆地生态系统碳蓄积水平明显提升,吸纳了同期人为碳源排放的1/4~1/3。国际科学联盟组织的"国际地圈与生物圈计划"(IGBP)和国际社会科学联盟组织的"全球环境变化人文计划"(IHDP)共同发起的"土地利用/土地覆被变化"(LUCC)核心研究项目启动以来,土地利用变化研究成为各国学术界的研究热点[2]。土地利用变化是造成全球变化的重要原因,是除了工业化之外人类对自然生态系统的最大影响因素,各种非持续土地利用活动(砍伐森林、开垦草地、改造沼泽等)导致了大量温室气体排放。

Lal 认为,大约 60%～70% 已损耗的碳,可通过采取合理的土地利用和管理方式重新固定[5]。但是,普通意义上的生态保护和植树造林等增汇政策对遏制碳排放增加的效果已经捉襟见肘。研究显示,20 世纪 80 年代至 2005 年,20 多年间陆地生态系统存储的碳占人为碳源排放量的比值从 1/3 降至 1/10,陆地生态系统碳汇能力的提升速度远远慢于人为碳源排放的增长速度。

随着土地开发利用强度日益增加,具有"碳汇"能力的林地、湿地、耕地等地类数量快速减少,而"碳源"功能较强的建设用地却急剧扩张,造成大气中 CO_2 浓度持续增高。Houghton 等建立 Bookkeepingmodel 分别估算了工业革命以来全球土地利用与覆被变化引起的排放[2]。在过去 150 年间,土地利用向大气释放 136($\pm$50)～156PgC,占人类总排放量的 30% 以上,大气中 CO_2 浓度从 280ppm 增加到 360ppm,气温每 10 年将上升 0.25℃左右,土地利用变化对温室效应的贡献大约为 24%。

(二)国内土地碳排放研究进展

葛全胜等[3]运用 Bookkeepingmodel 估算了中国过去 300 年间由于土地利用、土地覆被变化,地上植被被破坏引起的碳排放大约为 370PgC;土壤有机碳排放介于 80～584PgC,植被和土壤变化产生的碳排放为 450～954PgC。刘纪远等[4]基于土壤剖面资料和 TM 影像分析了 1990-2000 年中国土地利用变化对土壤碳氮储量的影响。张兴榆等[5]则运用 IPCC,建议国家温室气体清单方法利用 3 期遥感影像计算环太湖地区土地利用变化对生态系统中植被碳储量的影响。周涛等[6]分析得到林地与草地转变为耕地以及人类通过灌溉、氮肥的使用全球变暖背景下土壤呼吸的碳通量有所增强。王倩倩[7]、张雷[8]等分别从人均碳排放重心移动、产业-能源关联及能源-碳排放关联解释了能源消耗碳排放空间特征。为了寻找影响碳排放的因素,徐国泉[9]等运用对数平均权重 Divisia 分解法分析了能源结构、能源效率和经济发展等因素的变化对中国人均碳排放的影响;朱勤[10]等基于扩展的 Kaya 恒等式建立因素分解模型来考量经济产出规模、人口规模、产业结构、能源结构等对碳排放的影响;刘红光[11]等利用 LMDI 方法对中国工业燃烧能源导致碳排放的因素进行了分解,从能源消耗去理解碳排放演变、影响因素、效应等关键问题,可为有效管控碳排放提供支撑。赵荣钦等[12]结合国内外低碳经济和低碳土地利用的研究背景和实践,分析了不同土地利用方式的碳排放效应,并从低碳土地利用原则、模式和对策、目标 3 个方面构建了低碳土地利用模式研究的理论框架,重点从土地利用结构、规模、方式和布局等方面提出了低碳土地利用的模式和对策建议。

农业部[13]对我国土地利用变化对陆地生态系统的碳排放/吸纳影响、机理和空间特征进行了详细的分析。土地利用碳排放包括直接碳排放和间接碳排放。直接碳排放又可以细分为土地利用类型转变的碳排放和土地利用类型保持的碳排放;前者是指土地利用/覆被类型转变,导致生态系统类型更替造成的碳排放,如采伐森林、围湖造田、建设用地扩张;后者是指土地经营管理方式转变或生态系统碳汇所驱动的碳排放,包括农田耕作、草场退化、养分投入、种植制度改变。土地利用的间接碳排放主要指的是各土地利用类型上所承载的全部人为源碳排放,包括聚居区的取暖、交通用地的尾气、工矿用地的工艺排放等等,是不同用地类型上的人为源碳排放的空间强度和分布效果。

从 20 世纪 80 年代到 2005 年,陆地生态系统呈现为明显的碳汇,年均碳汇水平约在 1.54 亿～1.67 亿吨碳;从分类结构来看,植被碳库和土壤碳库都呈现碳汇功能,其中年均植被碳汇在 1.08 亿吨至 1.21 亿吨的水平,土壤碳汇能力较弱,占植被碳汇的 1/3 强一些。从生态系统类型来看,森林的碳汇功能在整个陆地生态系统中作用举足轻重,约占整个陆地生态系统的 2/3 左右。从空间格局来看,华东、华南和华北地区土地利用的碳汇效应比较显著,东北和西南地区存在较为显著的土地利用碳排放效应,而西北地区土地利用的碳汇(源)效应不甚显著。建设用地的碳排放总量和强度均为最高。总体来看,建设用地的碳排放强度达到 55.8 吨碳/公顷,是其他用地类型碳排放强度的几十甚至上百倍。从不同区域来看,华北和华东的建设用地碳排放强度最高,分别达到 81.2 吨碳/公顷和 65.3 吨碳/公顷;东北、中南和西南的建设用地碳排放强度水平一般,分别为 48.8 吨碳/公顷、46.5 吨碳/公顷和 49.1 吨碳/公顷;西北地区的建设用地碳排放强度水平较低,为 33.90 吨碳/公顷。总体而言,重工业化水平高、人口密度大的地区单位面积建设用地的碳排放也较大。从其内部构成看,工矿用地碳排放强度最大,达到 196 吨碳/公顷;交通用地次之,达到 43.7 吨碳/公顷;而城乡商住用地排放强度最小,只有 8.3 吨碳/公顷。

(三)中国省份土地低碳效率分析研究

游和远等[14]通过分析土地利用的碳排放效率,指出碳排放总效率有效单位主要集中在土地利用强度低、土地总产出不高的欠发达地区;处在经济发达的长江三角洲的浙江、江苏与上海碳排放总效率偏低。这说明目前在主要经济发达地区土地利用的产出并不是低碳利用。

碳排放总效率无效的原因之一是技术效率无效。技术效率无效被认为是所投入资源的利用无效而产生资源浪费。北京、天津、内蒙古、上海、江苏、浙江、福建、广东、广西、海南、云南、青海、新疆为技术效率有效,其余 17 个省份技术效率无效。具体到土地利用差异上,上海、江苏、浙江等土地利用高产出地区在技术效率表现上区别于总效率无效而实现效率有效,这些地区土地利用的碳排放投入在可变规模报酬下,现有土地利用管理水平下可以实现人均第一、第二、第三产业增加值的产出最大;多数土地利用低效产出区与总效率特征保持一致。

在规模效率下结合规模报酬区间进一步分析,可以发现河北、内蒙古、吉林、福建、江西、河南、湖北、湖南、广西、重庆、陕西、甘肃、青海、宁夏处在规模报酬不变阶段,总效率有效的 4 个省份全部包含在规模报酬不变省份中。同样处在规模报酬不变阶段,但规模效率无效的省份,如河北、吉林、江西、河南、湖北、湖南等,尽管土地利用的碳排放增加幅度与土地利用产出增加幅度一致,然而与规模效率有效的单位相比,相同的土地利用碳排放增加幅度仍然要低于规模有效单位的土地利用产出增加幅度。北京、天津、辽宁、黑龙江、上海、江苏、浙江、山东、广东、海南、四川、新疆处在规模报酬递减阶段,对于这些省份,控制土地利用中碳排放增长甚至缩小碳排放规模有利于碳排放规模效率的提高。山西、安徽、贵州、云南处在规模报酬递增阶段,相比规模报酬不变与递减省份,处在规模报酬递增阶段的省份为少数,有效改善这些地区规模效率一般认为可以通过扩大土地利用碳排放规模。

(四)土地低碳化措施

1980年陆地生态系统碳汇约可吸纳能源、工业部门碳排放总量的1/3,到1995年大约只能吸纳1/6,到2005年进一步下降到不足1/10。由此可以看出,工业化城镇化加快推进驱动着化石燃料燃烧、工业生产工艺的碳排放,已经远远超过陆地生态系统的碳汇吸纳能力。要减少区域碳排放,必须对火力发电和供热、工业燃料与辅料等碳排放强度高的项目实施门槛限制,鼓励清洁生产的低碳排放工艺替代项目。仅仅依靠植树造林、生态恢复这些保育措施,短期内无法扭转碳排放增加的趋势。但从长期来看,土地利用经营的固碳效应还是很显著的。

我国还需要从碳减排和碳增汇两个角度提出低碳导向的土地利用政策配套体系。其中碳增汇政策包括土地利用结构优化、水土保持和生态保护、林地、农地、草地和湿地的管理等7个方面;碳减排政策包括土地利用结构优化、农业碳减排、建设用地碳减排和土地生态补偿机制构建等。

第一,合理规划国土开发强度。国土开发强度是指单位国土面积上的经济社会投入规模,用以衡量国土开发的合理程度。国土规划中国土开发强度往往用建设用地占区域国土面积的比例近似地反映,通常是在资源环境承载力评价的基础上,结合国家间、地区间指标的比较,定性地得出一个阈值,如日本、韩国将国土开发强度上限定为9%～10%,荷兰是16%。我国主要城市如上海、天津、北京等均已超过这一比例,深圳等城市已接近50%。通过引入碳平衡的要求,按照维持生物圈碳平衡的要求,实现碳中性,人为排放的二氧化碳与通过人为措施吸收的二氧化碳实现动态平衡,以此确定建设用地在国家或区域层面的适当规模和比例。

第二,增加农用地的碳汇能力。我国林地、湿地是具有净碳吸纳能力的两类土地,分别为0.49吨碳/公顷和0.05吨碳/公顷;耕地、牧草地是净碳排放,分别为0.37吨碳/公顷和0.19吨碳/公顷。增加林地和湿地,对于陡坡耕地及其他生态条件脆弱的耕地,在解决好粮食保障和农民增收问题的前提下,应有计划地、有步骤地安排退耕。我国林地是重要的碳汇,通过大力加强植树造林,进一步加大林地保护和森林资源管育的力度,不断提升森林蓄积量,碳吸纳效果强于同期的木材采伐、薪柴采集、灾害干扰等影响的成就。强化耕地保护特别是基本农田。我国耕地的碳排放强度为0.37吨碳/公顷,低于国际平均水平,主要原因是中国农业传统重视有机肥施用和秸秆还田,农业土壤有机碳蓄积效果显著。

第三,控制建设用地无序扩张。我国建设用地的碳排放强度是55.8吨碳/公顷,是其他土地类型碳排放强度的数十倍。建设用地中工矿用地的碳排放强度最大,达到196吨碳/公顷,交通用地次之,达到43.7吨碳/公顷,城乡居民点用地排放强度最小,为8.3吨碳/公顷。推进节约集约用地,是扭转碳排放增加的重要途径,通过优化建设用地结构促进产业结构调整是控制土地碳排放的重要手段。

第四,优化国土空间组织。国土空间的合理组织是国土规划的核心内容。从区域层面来看,需要在评价资源环境综合承载能力的基础上,划分空间开发利用的适宜区域和有条件开发区域,区域建设用地的碳排放强度可以成为评价和分区的基本因素之一。例如,根据碳排放清单计算,华北和华东的建设用地碳排放强度高,分别为 81.2 吨碳/公顷和 65.3 吨碳/公顷;东北、中南和西南的建设用地碳排放强度分别为 48.8 吨碳/公顷、46.5 吨碳/公顷和 49.1 吨碳/公顷;西北地区的建设用地碳排放强度水平较低,为 33.90 吨碳/公顷。通过控制碳排放,为规划引导人口和产业的均衡发展,防止和减缓社会经济总量与国土自然基础之间的失衡趋势进一步加大,促进国土均衡开发、区域协调发展提供重要参考。

第五,构建分散与集中发展相结合、多中心网络型的国土开发格局。强化城市连绵区的国际功能,加快区域性城市地区的发展,加强高速、高通达、高覆盖率综合交通运输网络建设,在促进均衡开发的同时提高地区竞争力。多中心、网络型国土开发格局就是面向全部国土,以城市连绵区、区域中心城市和次中心城市为核心,综合考虑城市辐射影响范围,划定国土开发综合区域,区域内建立不同等级城镇和不同产业的分工协作机制,区际实行差别化的国土开发利用政策,力图达到既增强地区竞争力,又加强区域间协作的目的。显然,无论是多中心、网络型国土开发格局的构建,还是高速、大通道、高覆盖率综合交通运输网络建设,都体现了减排、降耗的要求,是立足我国国情的现实选择。

第六,加强国土生态屏障网络用地建设。构建核心生态网络体系,形成基本的国土生态屏障,维护和改善区域生态安全格局,保障区域生态过程连续性和生态系统完整性;维护自然山水格局,保持山体、水系自然地形地貌特征,作为生态网络的基本骨架;严格保护天然湿地、滩涂、沼泽、冰川和永久积雪,保护水源涵养区和地下水补给区,严格控制滨水地带的土地利用,保护区域水生环境与水质;严格保护乡土生物栖息地,保护和恢复城乡连续的乡土生态环境和生物廊道系统;保护对人类活动和环境变化敏感的土地,如土地沙化、土壤侵蚀、盐渍化、石漠化、酸雨敏感区;严格限制自然保留土地和生态环境敏感区内的土地利用活动类型和强度。

三、中国低碳城市与低碳城市群研究与建设进展

(一)我国低碳城市研究进展

随着全球气候变暖问题的日益严峻,更多的研究开始专注于如何在城市化进程中缓解由大量化石能源利用带来的温室气体排放问题。对于大多数发展中国家,由于成本与资源禀赋的约束,只能选择以煤为主的能源结构,必将面对严重的温室气体排放及环境污染问题。

韦保仁[15](2007)认为,中国的城市化进程是带动水泥需求增长的最主要因素,只要大规模的城市建设、道路运输体系建设的需求存在,水泥的产量就仍将持续上涨。潘海啸[16]从城市规划的角度提出了"低碳城市"概念,并基于交通或城市结构方面进行了较深入的研究。

中国的城市化工业化至 2020 年将基本完成。从现在到 2020 年,中国能源需求刚性且快速增长的趋势不会改变,以煤为主的能源结构也无法改变,碳排放仍将快速增长,即使是逐步降低碳排放增量,也是非常艰巨的任务。中国的低碳转型战略和减排政策选择

只能从控制碳排放增量入手,中国的低碳转型必须兼顾阶段性发展特征,谨慎选择碳减排与经济发展之间的平衡点。中国政府最近提出 GDP 碳强度目标,说明中国的低碳转型是以保障经济增长为前提的。目前中国的许多问题,如高耗能、高排放、粗放式经济增长、重工化经济结构和能源效率低等,都是经济发展的阶段性基本特征。作为国际上碳排放总量和增量都是最大的国家,其碳减排的国际压力日益增大,而所处的城市化发展阶段又使得碳减排非常困难。

(二)低碳城市群

1. 低碳城市群的目标与内涵

低碳城市群是以区域整体可持续发展为目标,以城市间的协调行动为保障,以区域空间结构优化为基础,以能源生产和消费的低碳或无碳化为中心内容,将碳排放量控制在能被区域自然环境系统吸收的范围之内,把资源的消耗控制在区域生态承载力之内,最终实现区域整体的低碳发展、高效发展和可持续发展。从发展目标看,低碳城市群是要实现区域整体的可持续发展。近期目标是降低城市社会经济活动的碳排放强度,使碳排放量增速小于城市经济总量增速,提高能源利用率;长期目标则是实现社会经济活动的碳排放总量的降低,促进区域经济、社会、环境协调发展。

从内容看,通过优化区域空间结构、能源结构、产业结构和消费结构,把二氧化碳排放量尽可能减少到最低限度乃至零排放,实现再生产全过程的能源消费、经济活动低碳化,形成低碳能源和无碳能源的区域经济体系。从保障措施看,通过城市间的协调行动,实现资源在区域空间的优化配置。

2. 低碳城市群的建设途径

我国正处于城市化快速发展阶段,按照现有的增长模式,随着城市规模的扩大、城市承载人口数量的增加,交通网络的建设等势必会大幅度增加城市能源的消耗量以及碳排放。因此,低碳社会建设的首要任务是制定统一的区域发展规划,明确低碳发展方向,以节能减排为发展目标,通过构建紧凑且生态的城市群空间布局,建立高效节能的能源结构、清洁的产业结构、环保绿色的消费结构的区域经济体系,实现区域可持续发展。

一是集约节约使用土地。构建紧凑的城市空间结构是城市群的基本地域单元,城市群的发展过程实际上是城市空间扩展的过程。它包括城市体系结构和城市内部用地结构,中表现为城市用地的扩展和用地类型的转变。长期以来,在城市发展的过程中,城市土地开发基本呈外延平面式扩张趋势,忽视内涵立体的综合开发利用,城市土地粗放使用;城市土地集约不是寻找最高的土地利用强度,而是谋求使土地利用的经济效益、社会效益与环境效益等整体效益的最大化。因此,对于地面建筑密度和人口密度已经严重超标的城市核心区,应结合老城区的改造,着眼于提升城市的现代化功能,鼓励现代服务业、城市工业和高新技术产业扩大规模,同时控制夕阳产业用地比例和布局,推动中心城市功能向外分散或转移,以及通过开发城市地下空间,增强城市核心区的聚集效应,实现产业结构与空间结构同步优化。城市新区的扩建则着眼于完善城市功能,适度集中布局城市的诸功能要素,以达到城市功能在空间上的紧凑。

二是以公共基础设施的建设为导向,构建低碳城市群的支撑体系。以城市群为载体是建设低碳社会的一个重要方面,通过城际间协调行动,在区域空间统一布局公共基础设施,将城市土地使用规划和城市通讯、道路交通规划、人工建设系统结合起来,引导资源在一个较大的空间内优化配置,实现资源的高效利用。交通与土地开发的积极互动结合,使新开发的土地依靠通讯网络、交通轴线与中心城区保持密切的联系,将城市的扩展固定在沿着一条或数条轴线辐射延伸,由于轴线扩展具有潜在的土利用高经济性,城市群空间结构演变的"廊道效应"将更加显著。加快城际快速轨道和城市公共交通系统,如轻轨和地铁系统的建设,解决人们日常的大部分出行问题,从而最大程度减少交通能耗。同时通过交通站点的控制,促进城市群地域结构结节状发展,带动城市跳跃、组团式的生长。统一规划绿地人工建设系统,使其成为生物固碳、扩大碳汇、减缓温室效应、减少二氧化碳排放、增加碳汇储备的有效途径之一。

三是推广节能建筑。首先提倡适度的住房消费。住房消费不是一般的商品消费,是对有限的空间资源的消费。据联合国人居中心报告:"大部分资源的利用、废物和污染的产生,以及温室气体的排放并非城市所致,其责任应由具体的工业和商业、工业企业(或公司)、高消费生活方式的中高收入群体来承担","高收入家庭常常拥有2~3辆小汽车,它们消耗的资源最多,通常比住在城内的同等收入家庭消耗的资源多得多"。所以,要实现城市群的低碳发展。人们要改变以往高消费、高浪费的生活方式,适当降低户型标准,以提高土地的利用率。许多发达国家住房面积都低于我国。瑞典、德国、日本的平均住宅面积,在1978—1980年最大,其中瑞典115平方米、德国103平方米、日本94平方米;随着经济水平的提高,住房的面积反而逐步降低。现阶段,我国住房户型偏大,这与我国国情是不相容的。其次是在建筑设计上引入低碳理念,如充分利用太阳能,合理设计通风和采光系统,选用隔热保温的建筑材料,以及节能型取暖和制冷系统,从根本上降低建筑能耗。特别是占建筑总量30%,能耗70%的公共建筑的节能改造,以及家庭选用低碳装饰材料,适度装修,推广使用太阳能、节能灯和节能家用电器、高效节能厨房系统等,推动家庭节能减碳。

四是建设紧凑型城市。城市无节制扩展侵占了大量土地资源,也造成了能源的过度消耗和大量的碳排放。而紧凑城市以节地、节能和优化布局的理念为城市土地低碳利用提供了具体的实现模式。城市土地功能混合有利于减少出行时间、交通距离和交通能耗,建设高密度住宅、办公、学校、商店以及文化休闲服务的混合区域,可以大幅度降低由于城市框架过大、土地基础设施扩展和建筑过程带来的碳排放。城市结构/分散化的集中模式的优势在于,一方面,公共交通连接减少了各中心之间的交通能源碳排放;另一方面,该模式比摊大饼式扩张具有较高的土地利用效率,能在很大程度上降低城市扩展带来的碳排放,并且有利于发展城市组团之间的碳汇经济,补偿区域人为活动的碳排放,合理利用资源和基础设施。紧凑城市在充分考虑其服务半径和服务性质的基础上,从规模与布局上合理安排重点基础设施项目以及生活、娱乐等市政设施,一方面避免了重复建设造成的碳排放,另一方面提高了能源、基础设施和土地的利用效率。发展公共交通可以有效降低交通能源消耗,缓解交通堵塞、土地损耗、空气污染等问题,还可以提高公共交通设施的利用效率,降低对道路交通用地的需求。

四、中国低碳农村土地管理研究与实践进展

杨庆媛[17]指出在保有一定数量的耕地面积的前提下,将由于围湖造田、围河造田、毁林造田等所造成的土地占用,通过合理的退林、还水,或者进行休耕,使原来的碳源地转化为碳汇地。他还提出农村土地资源管理应着眼于以下两个方面:一是根据生态建设要求,落实和巩固退耕还林还水成果。有关研究结果表明,由农田转变成草原土壤碳含量增加19%,转变成人工林或次生林土壤碳含量分别增加 18% 和 53%[18]。因此,增加丘陵地区的森林覆盖率,将有效地增加碳汇功能。二是加强农田管理。适当的管理措施能够增加土壤碳库,减少土壤碳释放。所以,改进施肥、灌水管理措施,提高复种指数,合理的作物轮作,作物品种的选择(旱地/水田)、免耕等都能提高土壤的碳含量,减少农田生态系统的碳排放[19];同时,还要注重发展生态农业,在提高生态效率的同时也将有效减少碳排放。推广太阳能和沼气技术,改善农村的能源供应,改善农民生活环境,以减少农作物和蔬菜生长中农药化肥的使用量,保障食品安全。三是发展循环经济,对重化工业聚集区域,则按照"资源-产品-再生资源"反馈式流程组织经济活动,使其所有的物质和能源在经济和社会活动的全过程中不断进行循环,并得到合理和持久的利用,把经济活动对环境的影响降低到最低程度。

发展低碳循环型农业。这是通过农业生态系统物质的再循环利用,来提高农业生态效益和降低碳排放的一种农业生产方式。农田生态系统是一个开放系统,主要受人为因素控制。因此,人为能源的输入是农业碳排放的主要来源,不同农业土地利用方式及其组合会带来不同程度的碳排放强度。

发展生态农业模式,即通过延长农业产业链,促进物质和农业产品的循环利用,在节约能源和原料的同时减少人为碳排放。集约农业模式,即从单位土地上获得更多的农产品,提高土地生产率,同时通过集中经营,面向市场需求,减少重复生产并节约劳动力。绿色农业模式,即减少化肥和杀虫剂等的使用,加强生态保护;促进秸秆还田和保护性耕作,推广保护性耕作措施,如秸秆还田和过腹还田,以增加农田土壤碳贮存。土地综合治理模式,即结合区域自然环境特点,对土地进行综合整理和治理,在提高作物产量的同时最大程度发挥土地的生态功能。以上各种农业用地模式对于节地、节水、节肥、节种,发展低碳农业具有重要意义。

五、中国低碳省份城市试点进展

2009 年 7 月 12 日,住房城乡建设部副部长仇保兴在城市与发展规划国际论坛上的演讲《我国城市发展模式转型趋势——低碳生态城市》一文,提出了低碳城市和低碳规划的想法;2050 中国能源和碳排放研究课题组在其研究成果《2050 中国能源和碳排放报告》中,提出建设低碳城市的必要性和紧迫性。清华大学于 2009 年 1 月在国内率先正式成立"低碳经济研究院",重点围绕低碳经济、政策及战略开展系统和深入的研究,为中国及全球经济和社会可持续发展出谋划策。无锡市在建设低碳城市方面走在了全国前列,2009

年6月15日,无锡成立"低碳城市发展研究中心",是全国首家专门从事低碳城市建设的研究机构;2010年3月19日,中国社科院公布了评估低碳城市的新标准体系,这是迄今首个最为完善的低碳经济评估标准。

在低碳城市实验方面,世界自然基金会于2008年1月正式启动"中国低碳城市发展项目",保定与上海共同入选首批试点城市;同年4月,世界自然基金会发布了《保定:全球可持续能源生产的"电谷"》的研究报告。

2010年7月19日,国家发展改革委发出通知,在全国开展低碳省区和低碳城市试点,这是落实我国控制温室气体排放行动目标的重要举措。

根据地方工作情况,统筹考虑各地方的工作基础和试点布局的代表性,首批确定在广东、辽宁、湖北、陕西、云南5省和天津、重庆、深圳、厦门、杭州、南昌、贵阳、保定8市开展试点工作。

低碳省区和低碳城市试点工作的主要任务有5个方面:一是编制低碳发展规划。试点省和试点城市要将应对气候变化工作全面纳入本地区"十二五"规划,研究制定试点省和试点城市低碳发展规划。要开展调查研究,明确试点思路,发挥规划综合引导作用,将调整产业结构、优化能源结构、节能增效、增加碳汇等工作结合起来,明确提出本地区控制温室气体排放的行动目标、重点任务和具体措施,降低碳排放强度,积极探索低碳绿色发展模式。

二是制定支持低碳绿色发展的配套政策。试点地区要发挥应对气候变化与节能环保、新能源发展、生态建设等方面的协同效应,积极探索有利于节能减排和低碳产业发展的体制机制,实行控制温室气体排放目标责任制,探索有效的政府引导和经济激励政策,研究运用市场机制推动控制温室气体排放目标的落实。

三是加快建立以低碳排放为特征的产业体系。试点地区要结合当地产业特色和发展战略,加快低碳技术创新,推进低碳技术研发、示范和产业化,积极运用低碳技术改造,提升传统产业,加快发展低碳建筑、低碳交通,培育壮大节能环保、新能源等战略性新兴产业。同时要密切跟踪低碳领域技术进步最新进展,积极推动技术引进消化吸收再创新或与国外的联合研发。

四是建立温室气体排放数据统计和管理体系。试点地区要加强温室气体排放统计工作,建立完整的数据收集和核算系统,加强能力建设,提供机构和人员保障。

五是积极倡导低碳绿色生活方式和消费模式。试点地区要举办面向各级、各部门领导干部的培训活动,提高决策、执行等环节对气候变化问题的重视程度和认识水平。大力开展宣传教育普及活动,鼓励低碳生活方式和行为,推广使用低碳产品,弘扬低碳生活理念,推动全民广泛参与和自觉行动。

六、低碳国土实验区建设及其进展

全国低碳国土实验区是在中国科学技术协会领导下、由中国国土经济学会组织实施的一项全国性、持久性共建工程。通过宣传教育、政策措施、制度保障等,促进资源合理开发利用,建设集约、环保、生态国土,倡导低碳生活,创新低碳技术,发展低碳产业,节能减排,走中国特色低碳经济发展道路。

其指导思想是以科学发展观为统领,围绕中心,服务大局,通过全国低碳国土实验区共建工程实验与先导模式及相关指标体系的建立,以及扎实有效的工作,推动各实验区以资源合理利用、节能减排为核心,创新低碳技术,发展低碳产业,提高资源利用效率,大力发展可再生能源,倡导低碳生活,建设集约、环保、生态国土,改善环境质量,创建多样化、特色化的"低碳国土"模式,为中国的经济转型和结构调整打好基础,为全国广大城市和乡村,以及各级各类经济开发区、工业园区、城市社区总结探索一条环境友好、资源节约,全面协调可持续的发展道路。

低碳国土实验区以"说实话、办实事、求实效"为原则,根据各实验区的具体情况和经济社会发展的需要,通过精心设计的服务平台,从不同角度和层面对各实验区给予科学的指导和帮助,与地方党委、政府积极配合,在人民群众的积极参与下,思路创新,特色创新,模式创新,实现共同发展目标。

发展目标为以城市、地区、乡镇和各级、各类经济开发区、产业园区、城市社区、产业空间为对象,以 5 年为周期,在全国逐步建立一批具有代表性、特色性、先导性、示范性的低碳国土实验区,以及重点基地、园区、社区、空间、窗口,通过丰富多样的宣传与推动,强化人民群众的低碳国土意识,倡导低碳国土生活,发展低碳国土经济,推动科技创新和节能减排,促进资源的合理配置和科学利用,改善并保持良好的生态环境,确保区域经济的可持续发展,进而为全国其他同类地区的建设提供若干切实可行的成功经验与发展思路。

实验区将做好以下 5 个方面:一是确立低碳理念。把低碳理念贯穿于实验区建设与发展的全过程。以减少温室气体排放为核心,以提高能源效率为手段,建立以中小城市(城区)为核心,以村镇(园区、社区、产区)为节点的低碳网络,将低碳理念拓展至建设发展及人民群众日常生活的方方面面,并成为构建低碳国土的坚实基础。二是创立特色低碳模式。在全国低碳实验区办公室指导与配合下,敢探索、上层次、创品牌、出特色、出经验、出成果,重在根据自身资源、环境、优势,发展探索低碳经济、低碳产业、低碳生活、低碳文明特色模式,为发展中国特色低碳国土经济做出有益探索。三是努力建立低碳政务。发挥政府的垂范和引导作用,打造阳光行政,减少公务支出,规范公车使用制度,压缩招待费用开支;推动政府或者领导机关建筑节能改造,政府采购优先采用高效节能设备,加大再生纸等资源的使用力度。四是低碳经济见诸成效。把发展特色低碳经济、生态经济、循环经济放在重要位置。如农业产业努力实施农业低碳化改造,通过生物技术,改良农作物品种,积极发展生态农业;大力搞好水土保持,控制面源污染;大力发展生物固碳技术,植树造林,增加碳汇;加强农业科技投入,大力发展沼气和生物质能源,提高对于农产品的深加工水平;大力发展竹草业,替代对于木材的消耗。工业和其他产业应建立向低碳转变的技术研发机制,经营管理机制和市场交易机制,加大对于低碳技术的研发力度,吸引风险资本投资低碳技术,设立低碳产业园区,提高能源利用效率,加快风能、太阳能、潮汐能、地热能等可更新能源的产业化进程,大力推进信息技术发展,建立智能能源网络等。五是低碳服务体系确立。推动现代服务业向低碳服务业转型,建立服务业碳排放标准体系,杜绝一次性资源消费,推动服务业信息化进程,加速推动金融、保险、旅游等无纸化服务,加强餐饮行业餐厨垃圾回收管理,加快拆解行业无害化标准体系建设。六是低碳社会初步构建。城市要加大节能减排力度,建立各种低碳社区、园区、产区、景区,加强低碳生活宣传推广,倡导城乡居民低碳生活。节地、节水、节肥、节药、节种、节电、节油、节柴、节煤、节粮,减少从事"一产"农民,推动城乡一体化、乡村城镇化和旅游休闲产业低碳化发展的"十节一减"模式。

参考文献

[1] Hought on R A. The Annual Net Flux of Carbon to the Atmosphere from Changes in land Use 1850—1990 [J]. Tellus Series B2Chemical and Physical Meteorology,1999,51:29-31.

[2] Hought on R A. The Annual Net Flux of Carbon to the Atmosphere from Changes in land Use 1850-1990[J]. Tellus, 1999,51b:298-313.

[3] 葛全胜,戴君虎,何凡能,等.过去300年中国土地利用、土地覆被变化与碳循环研究[J].中国科学D辑:地球科学,2008,38(2):197-210.

[4] 刘纪远,王绍强,陈镜明,等. 1990-2000年中国土壤碳氮蓄积量与土地利用变化[J].地理学报,2004,59(4):483-496.

[5] 张兴榆,黄贤金,赵小风,等.环太湖地区土地利用变化对植被碳储量的影响[J].自然资源学报,2009,24(8):1343-1353.

[6] 周涛,史培军.土地利用变化对中国土壤碳储量变化的间接影响[J].地球科学进展,2006,21(2):138-143.

[7] 王倩倩,黄贤金,陈志刚,等.我国一次能源消费的人均碳排放重心移动及原因分析[J].自然资源学报,2009,24(5):833-841.

[8] 张雷.中国一次能源消费的碳排放区域格局变化[J].地理研究,2006,25(1):1-9.

[9] 徐国泉,刘则渊,姜照华.中国碳排放的因素分解模型及实证分析:1995-2000 [J].中国人口 资源与环境,2006,16(6):158-161.

[10] 朱勤,彭希哲,陆志明,等.中国能源消费碳排放变化的因素分解及实证分析[J].资源科学,2009,31(12):2072-2079.

[11] 刘红光,刘卫东.中国工业燃烧能源导致碳排放的因素分解[J].地理科学进展,2009,28(2):285-292.

[12] 赵荣钦,刘英,郝仕龙,等.低碳土地利用模式研究[J].水土保持研究,2010(5):190-194.

[13] 农业部.土地利用规划的碳减排效应与调控研究(200811033)

[14] 游和远,吴次芳.土地利用的碳排放效率及其低碳优化[J].自然资源学报,2010(11):1875-1886

[15] 韦保仁.中国能源需求与二氧化碳排放的情景分析[M].中国环境科学出版社,2007.

[16] 潘海啸,汤諹,吴锦瑜,卢源,张仰斐.中国低碳城市的空间规划策略[J].城市规划学刊,2008(6):57-641.

[17] 杨庆媛.土地利用变化与碳循环[J].中国土地科学,2010,(10):7-12.

[18] Suo L B, Gifford R M. Soil Carbon Stocks and land Use Change:A Meta Analysis[J]. Global Change Biology,2002,(8):345-360.

[19] 陈广生,田汉勤.土地利用/覆盖变化对陆地生态系统碳循环的影响[J].植物生态学报,2007,31(2):189-204.

撰稿人:张志强　杨巧英

《国土经济学通论》的编撰与出版

一、引　言

国土经济学作为一个新兴经济学科，其建设和发展仅仅有 30 年的时间，期间还有较长时间的停滞。到目前为止，已有若干关于国土经济学的论著，对于国土经济学的创立和发展起到重要的推动作用。然而不可否认，在国土经济学的基本概念、学科体系等方面，还认识不统一、不深入。为此，迫切需要对既有的国土经济学研究成果进行系统的梳理，并重点对基本概念、学科思维、学科体系等，进行集中、系统、科学地阐述和发展。正是在此背景下，中国国土经济学会组织编撰和出版了《国土经济学通论》。《国土经济学通论》的出版，是国土经济学发展进程中的重要事件，为此，需要以专题的形式，将《国土经济学通论》的编撰和出版过程和权威评价等，作一系统的说明。

二、《国土经济学通论》的编撰

《国土经济学通论》[1]，由中国国土经济学会组织编撰，学会历届理事会理事长于光远、杜润生、王先进、张怀西任编委会主任，学会常务理事、国务院发展研究中心研究员谷树忠任主编，10 余位研究人员参与撰写。《国土经济学通论》由高等教育出版社于 2012 年 1 月出版。

《国土经济学通论》的出版，是中国国土经济学会发展历史上的一个重要事件，也是国土经济学学科建设和发展的重要事件。对此，中国国土经济学会的历任理事长均给予高度重视和充分肯定，分别作序、作跋。

中国国土经济学会第一任理事长、著名经济学家于光远在为该书作的序言中指出："我把国土经济学定义为以某一个国家或地区的国土为研究对象的一门经济科学，并提出了'大国土'的概念。从经济的角度研究国土开发、利用、保护、治理是十分必要的，统筹经济、社会、区域、城乡协调发展，推动人口、资源、环境可持续发展。同年，我就国土开发问题曾提出过 12 对关系、24 个方面：平原和山地、陆地和水面、大陆和海洋、大块和零星、地上和地下、已开发和未开发、易利用和难利用、南部和北部、东部和西部、乡村和城市、国土和公土、局部和整体。目的就是想让人们全面重视国土资源的开发。深入开展国土经济学研究，全面开展国土综合整治，对贯彻落实科学发展观，促进我国经济社会全面协调可持续发展有着极为重要的意义。我看到中国国土经济学会及《国土经济学通论》作者们研究的新成果，把国土经济的研究放到了一个重要位置，强化了中国国土经济学的学科建设。该书组织结构严谨，有继承、有发展，更有创新，我为此感到由衷的高兴，相信这些年轻学者的成果青出于蓝更胜于蓝。"

中国国土经济学会第二任理事长、著名经济学家杜润生在为该书作的序言中着重指出："用'大国土'统率学会的学术研究工作。21 世纪是海洋的世纪、空间的世纪，那么，海洋国土、上空国土都在'大国土'的涵盖内。任何理论研究终归要落于实处,希望《国土经济学通论》的编辑出版,能够不断完善学科体系,进一步指导实践发展,为促进国土资源的合理利用,贯彻落实科学发展观做出更大的贡献。"

中国国土经济学会第三任理事长、我国首任国家土地管理局局长王先进在为该书作的序言中指出:"改革开放以来,中国在政治、经济、文化、科技和社会建设各方面都取得了举世瞩目的成就,国土资源开发、利用和保护事业也迈出了坚实的步伐。在国土资源构成中,土地是一种不可移动、不能再生的重要资源,国土开发和经济建设都离不开土地。土地是民生之本、发展之基、财富之母"。

中国国土经济学会第四任理事长、第十届全国政协副主席张怀西在为该书作的跋中重点指出:"国土安全,如资源安全、环境安全和生态安全是国家安全和现代化建设极其重要的组成部分。我国人均资源占有量少,资源安全阈限极小;地质资源丰度低,戈壁沙漠比例高;地质和气象等自然灾害频繁发生并危害严重,影响社会稳定的粮食、水、土地、能源、矿产等资源保障系数受上述因素影响不断下降,如果不能从根本上转变经济发展方式,势必给国家安全和现代化建设构成严重威胁"。并进一步指出"国土演绎华夏巨变,从绿色耕地到金色宝藏、黑色能源、蓝色海洋、江河湖泊、人文城市等,作为以资源、环境'大国土'为对象的国土经济学,在贯彻落实科学发展观,建设资源节约型、环境友好型社会的历史时期,任务光荣而艰巨,也是大有可为的。"

三、《国土经济学通论》的主要内容

《国土经济学通论》共 3 篇 20 章,即:

第一篇"国土经济学及其发展历程",包括第一章"国土经济学及其学科基础"和第二章"国土经济学发展及其历程"。

第二篇"国土要素及其经济分析",包括第三章"国土及其基本属性",第四章"国土稀缺性",第五章"国土资源要素及其经济分析",第六章"国土生态要素及其经济分析",第七章"国土环境要素及其经济分析",第八章"海洋国土及其经济分析",第九章"国土空间要素:国土场与势",第十章"人力资源及其经济分析"。

第三篇"国土开发与管理",包括第十一章"国土调查",第十二章"国土评价",第十三章"国土开发与整治",第十四章"国土安全及其评价",第十五章"国土经营",第十六章"国土管理",第十七章"国土规划与管制",第十八章"国土政策与法规",第十九章"中国国土资源调查实践"和第二十章"中国国土开发实践"。

参考文献

[1] 谷树忠等.国土经济学通论[M].北京:高等教育出版社,2012.

撰稿人:谷树忠

ABSTRACTS IN ENGLISH

Comprehensive Report

Report on Advances in Territorial Economics

Territorial Economics focus its research on territorial resources scarcity and measurement, territorial resources markets and marketing, territorial resources price and assessment, territorial resources zoning and planning, territorial resources property rights and revenue allocation, territorial resource accounting, territorial resources trade, territorial resources management. In other word, Territorial Economics focus on 4 aspects of territory: economic factors, economic phenomena, economic issues, and economic principles related with territory. Territorial Economics has been experiencing remarkable progresses in the following 4 aspects: a) The connotation of *Territorial Economics* has enriched and expanded constantly; b) the discipline system has been improved steadily; c) the construction of theories and methods has been enhanced continuously; and d) the understanding of territorial features and characteristics has been deepened. Furthermore, Territorial Economics experienced particular progresses in territorial spatial economic analyses, territorial planning, territorial development and rehabilitation, territorial security evaluation, territorial regulation and management, and low - carbon territory. All of these progresses provide an important and indispensable supports of theories and methods for territorial development, utilization, protection and other major territorial activities.

Written by Gu Shuzhong, Dong Dekun, Zhou Hong

Reports on Special Topics

Progress in Theories and Methods of Territorial Spatial Economic Analyses

Territorial spatial economic analysis is the basic method to analyze the territorial spatial layout and its changes, the economic spatial layout and its changes, on the basis of effectively combining spatial analyses and economic analyses. The emerging and development of this analysis method originated from the specific demand in developing and changing, and also originated from the development and innovation of economic theories and methods. The contents of *Territorial spatial economic analysis* have been expanded and enriched continuously. Until now, there are more than 10 methods in popular application, including the global spatial statistics, the spatial cluster analysis, etc. All of these methods are in developing and perfecting.

As the largest developing country with vast territorial space, radical changing industrial layout and remarkable spatial features of population layout, China has a long way to go in territorial space allocation and its optimization. So, there is a expansive space and potential for the development and innovation of *territorial spatial economic analysis*. Meanwhile, the application and development of *territorial spatial economic analysis* in China's territorial economic development and utilization will contributes greatly to the development and innovation of the method.

Written by Zhao Zuoquan

Progress in Theories and Methods of Territorial Planning

Territorial Planning is the indispensible and important method and basis for realizing reasonable allocation and scientific utilization of territorial factors (territorial resource factors, territorial environmental factors, territorial ecological factors and territorial spatial factors). The one hundred year of development of *Territorial Planning*, provide so many successful cases and experiences, and furthermore, provide important basis for the research, formulation and implementation of China's territorial planning in the new stage. Meanwhile, the development of China's territorial planning, both in practices and in theories and methods, will make important contribution to the development in theories and methods of territorial planning.

After entering 21st century, China pays great importance to territorial planning, and series of local experiments, specific researches have been launched in order to enrich and perfect the idea, thoughts, methods and means of territorial planning. The research and drafting of China's National Territorial Planning in this period, greatly promote the innovation and advances in territorial planning theories and methods with Chinese characteristics, and remarkably change the traditional territorial ideas. All of these advances provide solid basis for optimizing the layout, structure, approaches of China's territorial development, utilization, and protection.

Written by Qiang Zhen

Progress in Theories and Methods of Territorial Development and Rehabilitation

Territorial development and rehabilitation is the most important, active and positive ones in all of the human territorial activities, and also the most direct type or manner for territorial factors playing their important roles in economic and social development. Furthermore, it is also the important components of territorial economics, both in theories and methods, and also the main form for the application of theories and methods. *Territorial development and rehabilitation* has experienced a long history. In other words, the human development history is also the history of territorial development and rehabilitation to certain degree. Meanwhile, the development process of territorial development and rehabilitation has been enriching the contents of human civilization, the relationships between human and nature, and the understanding of the relationships.

As the largest developing country with vast territory, China has the most vigorous demand for territorial development and rehabilitation, especially for related theories and methods. So, the theories and methods of territorial development and rehabilitation have great application and innovation space. On the other hand, China's territorial development and rehabilitation will contribute greatly to the innovation and development in theories and methods of territorial development and rehabilitation. Reviewing the past, the ideas, thoughts, main body, measures, institutions of China's territorial development and rehabilitation developed gradually and continuously, giving great impetus to China's social and economic development. Looking forward, the exploration and innovation in theories and methods of China's territorial development and rehabilitation will concentrate on designing the structure of main bodies and designing the interest relationships. All of these exploration and innovation aim at providing important supports to establishing a new territorial pattern, with the features of effectiveness, happiness, harmony and security. Territorial economics will also be benefited by these exploration and innovation.

Written by Zhou Hong

Progress in Theories and Methods of Territorial Security Evaluation

Territorial security is the most important component in national security. It has both the traditional implication that the state sovereignty cannot be violated, and the nontraditional implication of the state resource security, ecological security and environmental security. The idea of territorial security are formulating and maturing, and impose great influences on the state key decision making, and also impose influences on international relationships and their changes. *Territorial Security Evaluation* is the indispensible and important basis for establishing the state security system and for making scientific decisions on territorial issues. It is the extensive and urgent need for *Territorial Security Evaluation*. And on the other hand, the *Territorial Security Evaluation* will contribute greatly to enriching and perfecting and theories and methods of territorial economics and territorial management.

Since the beginning of 21st century, the idea of state security lifted day by day, and the research of state territorial security deepened continuously. The theories and methods for state resource security, state ecological security, and state environmental security advanced remarkably. All of these advances enrich greatly the contents and application of territorial economics.

Written by Wang Limao, Li Hongqiang, Gu Mengchen

Progress in Theories and Methods of Territorial Regulation

Regulation generally implies government regulation. It is recognized as the government behavior that the governments use series of norms or standards to restrain the enterprises and other social components to accord with the designated targets or requests set by the governments. As the establishing and developing of market economic system in China, and as the reforming and perfecting of governmental system in China, the position and roles of regulation in China's social and economic development lifted continuously. Yet, the application of it is a real innovative progress that the idea of regulation was introduced into territorial management and economics. This progress is one of the remarkable and important progresses in China's territorial economic researches. This progress is needed by China's territorial management, territorial business and territorial security, and also needed by the development and perfection of China's market economic system, and even needed by the reform of China's administrative system and mechanism. *Territorial Regulation* is at its start point in China, but begins to play important roles in land management, water resource management and other resource management. Looking forward, important progresses are expected in the researches of theoretical basis, the institutional environment, and the key means for territorial regulation. All of these progresses will contribute greatly to the effectiveness and normalization of China's territorial management and business.

Written by Zhou Hong, Gu Shuzhong

Progress in Theories and Practices of Low – carbon Territorial Development

The concept of *Low – carbon Territory* originated from the idea and inevitable trend of low – carbon development. It is the important direction for territorial development, utilization and protection, and also the main direction for territorial management and territorial economy. Although it is not far from the emerging of Low – carbon Territory concept, related practices have been producing lot of important progresses, especially in the experimentation of low – carbon cities and low – carbon communities. As one of the most active scholar societies, *China Society of Territorial Economics* has been doing lot of works in establishing experimentation zones for Low – carbon Territory, and most works obtained primary progresses and attractive results. All of these progresses not only enrich the contents of territorial development, utilization and protection, but also expand the research fields of territorial economics.

Written by Zhang Zhiqiang, Yang Qiaoying

The Compiling and Publishing of General Outline of Territorial Economics

Territorial economics, as a newly established economic discipline, has experienced a short development history for only 30 years, and during which there was a long time of stagnation. Until now, Territorial Economics is approaching its maturing age and is playing important roles in promoting scientific and reasonable development, utilization, protection of territory. However, it is undeniable that there are lots of different understanding of the basic concepts, basic theories, basic methods and the discipline system of territorial economics. So it is an urgent need for a systematic review of research on territorial economics, including the basic concepts, the disciplinary thinking, the discipline system, the scientific elaboration and development. It is in this context, *China Society of Territorial Economics* (*CSTE*) organized the compiling of territorial economics, named as *General Outline of Territorial Economics*. It is recognized by the leadership and ordinary members of *CSTE* that the publication of *General Outline of Territorial Economics* is an important event or even a mile – stone event in the development process of territorial economics. So, the compiling and publishing of *General Outline of Territorial Economics* is reviewed and commented briefly.

Written by Gu Shuzhong